Aless

I Promessi Sposi

adattamento di **Marisa Pasqualetti**
illustrazioni di **Giovanni Manna**

Redazione: Donatella Sartor
Progetto grafico: Nadia Maestri
Grafica al computer: Simona Corniola
Ricerca iconografica: Laura Lagomarsino

Crediti:

© 2004 Foto SCALA, Firenze: 5, 6, 7, 28, 29, 76-77,
80, 96, 115; The Granger Collection, New York: 47;
Civica Pinacoteca Malaspina, Pavia: 58;
Bridgeman Art Library: 64; Azienda di Promozione
Turistica del Milanese: 78, 79; Biblioteca Nazionale
Braidense, Milano: 116.

© 2004 Cideb

Prima edizione: giugno 2004

Indice

Corrispondenze fra i capitoli di questo volume e
i capitoli originali del romanzo:
Il capitolo **1** corrisponde ai Capitoli **I-VI**
Il capitolo **2** corrisponde ai Capitoli **VII-X**
Il capitolo **3** corrisponde ai Capitoli **IX-XI**
Il capitolo **4** corrisponde ai Capitoli **XII-XIX**
Il capitolo **5** corrisponde ai Capitoli **XX-XXVI**
Il capitolo **6** corrisponde ai Capitoli **XXVII-XXXVI**
Il capitolo **7** corrisponde ai Capitoli **XXXVII-XXXVIII**

Alessandro Manzoni (1841), Francesco Hayez. Pinacoteca di Brera, Milano.

Notizie su Alessandro Manzoni

Alessandro Manzoni nasce a Milano nel 1785 da una famiglia ricca e famosa: sua madre, Giulia Beccaria, era figlia dello scrittore Cesare Beccaria e suo padre, Pietro, era un nobiluomo.

In famiglia, come accade in quest'epoca presso i nobili, Alessandro parla francese o il dialetto milanese e impara l'italiano a scuola, sui testi dei grandi scrittori del passato: l'italiano che conosciamo oggi, infatti, nell'Ottocento è ancora una lingua scritta, che pochissimi parlano.

Alessandro studia a Milano in un collegio religioso e poi, nel 1805, va a vivere a Parigi da sua madre, che fin dal 1792 si era separata da suo padre per unirsi a Carlo Imbonati, un giovane e brillante uomo di Milano.

A Parigi il giovane Alessandro, affascinato dalla vita culturale della capitale francese e dalle teorie illuministe, [1] incontra scrittori e poeti.

Nel 1805, tornato a Milano, conosce Enrichetta Blondel, una giovane di Ginevra dal carattere dolce e delicato: si innamorano e si sposano nel 1808. Due anni dopo Alessandro ha una crisi spirituale e si avvicina più profondamente al Cristianesimo. Dal 1810 la giovane coppia vive stabilmente a Milano e la loro bella casa, nel centro della

Interno dello studio di Alessandro Manzoni.
Casa di Manzoni, Milano.

1. **Illuminismo** : movimento culturale diffuso in Europa nel Settecento, caratterizzato dalla fede nel progresso della civiltà e nell'emancipazione dell'uomo sotto la guida dei "lumi" della ragione.

Teresa Borri Stampa Manzoni (1847-48), Francesco Hayez.
Pinacoteca di Brera, Milano.

città, diventa un ritrovo di scrittori e poeti; nel suo salotto si discute di arte e di letteratura, secondo le nuove idee del Romanticismo.[1]

Proprio dal 1812 al 1830 Alessandro scrive le sue opere più famose, tutte legate ai principi della morale cattolica: poesie (*Inni sacri, Marzo 1821, Il cinque maggio*); tragedie (*Il conte di Carmagnola,* l'*Adelchi*); saggi (*Osservazioni sulla morale cattolica*) e la prima versione del romanzo che è considerato il suo capolavoro: *I Promessi Sposi.*

1. **Romanticismo** : un movimento intellettuale e artistico nato in Europa nell'Ottocento che sostiene la spontaneità e la creatività dell'individuo, il sentimento e l'immaginazione, contro la ragione e l'analisi critica.

Nel 1827, dopo la pubblicazione della prima edizione del romanzo, Alessandro Manzoni va a vivere con la famiglia a Firenze e comincia a studiare la lingua fiorentina parlata dalle persone colte, in modo da rivedere e correggere tutto il romanzo.

In questa fase della sua vita viene colpito da un triste lutto: la notte di Natale del 1833 muore Enrichetta. In 25 anni di matrimonio avevano avuto nove figli; la morte di quattro di loro segue di poco quella della madre. Nel 1837 Alessandro si risposa con una vedova, la contessa Teresa Borri Stampa, e nel 1840 pubblica la versione definitiva dei *Promessi Sposi*.

Nel 1861 nasce il Regno d'Italia: uno stato unico, dalle Alpi alla Sicilia, non più diviso in tanti piccoli stati come in passato! Un'Italia unita politicamente, ma divisa dai tanti dialetti: piemontese, lombardo, veneto, ligure, calabrese... Manzoni è convinto che la lingua parlata a Firenze sia quella che tutti dovrebbero imparare a parlare e scrivere: *I Promessi Sposi* ne sono un esempio! In realtà, solo un secolo dopo, alla metà del Novecento, gli Italiani parleranno tutti l'italiano, e questo grazie anche alla radio e alla televisione!

Ormai ricco e famoso, Manzoni diventa Senatore [1] del Regno e Presidente della 'Commissione per l'unificazione della lingua'. Nel 1870 è nominato cittadino onorario di Roma, capitale d'Italia.

Muore a Milano nel 1873.

---

1. **Senatore** : persona che fa parte del Senato (un gruppo di importanti funzionari del governo).

Leggi il seguente brano e indica le risposte esatte.

Oggi, curiosando nella biblioteca, ho scoperto un antico manoscritto del Seicento, quasi illeggibile sia per la lingua così antiquata sia per la scrittura consumata dal tempo. La storia, però, mi sembra interessante: parla di un ragazzo e di una ragazza, promessi sposi, che devono affrontare una serie di problemi, prima di potersi finalmente sposare. Potrei trascriverla, ma, così com'è, chissà se qualcuno vorrà fare la fatica di leggerla? No, ho un'altra idea: voglio rifarla, spiegando i fatti contenuti nel manoscritto nella lingua di oggi. Sarebbe un peccato che una storia così bella rimanesse sconosciuta. E ora, al lavoro. Ecco il titolo che ho scelto:
I Promessi Sposi, storia milanese del secolo XVII, scoperta e rifatta da Alessandro Manzoni.

1. Chi scrive?

   ☐ L'autore del manoscritto
   ☐ Manzoni
   ☐ Un critico

2. Quando scrive?

   ☐ Nel Seicento
   ☐ Nell'Ottocento
   ☐ Oggi

3. Com'è la storia del manoscritto?

   ☐ Facile da leggere
   ☐ Noiosa
   ☐ Avvincente

4. In quale secolo sono ambientati *I Promessi Sposi*?

   ☐ Seicento
   ☐ Ottocento
   ☐ Novecento

I fidanzati

È quasi sera. Don Abbondio, un vecchio prete di campagna, sta tornando a casa. È solo e legge il suo libro di preghiere.

Improvvisamente due giovani con la barba lunga e gli occhi feroci lo fermano e gli chiedono:

"Lei ha intenzione di celebrare il matrimonio di Renzo Tramaglino e Lucia Mondella domani, vero?"

"Beh... cioè... io..."

"Bene, questo matrimonio non si deve fare, né domani né mai!"

Don Abbondio sa che quei due sono dei 'bravi', cioè dei giovani al servizio di Don Rodrigo, un prepotente signorotto[1] del luogo. E sa anche che le loro minacce sono sempre pericolose. Perciò tutto impaurito ritorna a casa dalla sua serva Perpetua e si chiude in camera, dicendole di non aprire a nessuno.

---

1. **signorotto** : uomo ricco e violento, proprietario di un castello e al comando di un gruppo di giovani pronti a tutto per lui (i 'bravi').

I Promessi Sposi

bussare — to knock

Il giorno dopo Renzo, tutto felice, <u>bussa</u> alla porta di Don Abbondio:

"Sono venuto, signor curato, per sapere quando dobbiamo trovarci in chiesa."

"Ma di che giorno parli?" gli chiede Don Abbondio, fingendo di essere sorpreso.

"Come, non si ricorda che io e Lucia ci sposiamo oggi?"

"Oggi? Mi dispiace, ma oggi non posso."

"E allora quando?"

"Fra… diciamo… fra quindici giorni!"

Uscendo dalla casa del prete, Renzo incontra Perpetua che gli dice: "Eh, povero Renzo! Ci sono tanti prepotenti al mondo… È brutto nascere poveri…"

Renzo è un buon giovane, ma non è stupido: capisce che c'è un mistero sotto e che Don Abbondio non dice la verità. Perciò rientra nella casa del parroco, a cui chiede:

"Chi è quel prepotente che non vuole che io sposi Lucia?"

Dopo molte esitazioni, Don Abbondio <u>balbetta</u>:

"Don… Ro… dri… go."

Quel nome ha un effetto terribile sul giovane. Renzo è disperato, ma deve dare la brutta notizia alla sua fidanzata.

Va verso la casetta dove Lucia vive con la madre Agnese; anche loro, come Renzo, lavorano nella filanda[1] del paese. Da qualche giorno c'è grande aria di festa, perché Lucia si sposa.

running

Renzo arriva di corsa e vede Lucia, mentre esce tutta bella nel suo vestito da sposa: le amiche la circondano, ammirandola, mentre sorride felice.

---

1. **filanda**: luogo dove si trasforma il cotone, la lana o la seta in filo.

I Promessi Sposi

Renzo la chiama e lei, vedendolo turbato,[1] ha un triste presentimento.[2]

"Lucia," le dice Renzo "per oggi niente da fare e Dio sa quando potremo essere marito e moglie!"

Lucia scoppia a piangere. Renzo non sa cosa fare, ma Agnese, più vecchia e saggia, cerca un modo per risolvere il problema:

"Sentite, non bisogna spaventarsi. So io cosa bisogna fare. Renzo, vai a Lecco dal dottor Azzeccagarbugli,[3] quell'avvocato alto, magro e con gli occhiali. Attento, però, a non chiamarlo così, perché è un soprannome! Vedi questi quattro capponi[4] che dovevo ammazzare per il pranzo di nozze? Bene, prendili e portaglieli, perché non bisogna mai andare a mani vuote da questi signori. Raccontagli tutto e vedrai che lui saprà darci un buon consiglio."

Arrivato alla casa dell'avvocato, Renzo gli offre i quattro capponi e poi comincia a parlare:

"Vorrei sapere da Lei che ha studiato…"

"Parla, parla…" lo incoraggia il dottor Azzeccagarbugli.

"Vorrei sapere… se c'è una pena per chi minaccia un prete, perché non faccia un matrimonio."

L'avvocato, abituato a difendere i prepotenti, pensa che Renzo sia un 'bravo' che ha minacciato un prete e comincia a spiegargli il caso.

1. **turbato** : preoccupato.
2. **presentimento** : sensazione di qualcosa che sta per succedere.
3. **Azzeccagarbugli** : soprannome inventato dal Manzoni per indicare un avvocato capace di tirare fuori dai guai ogni persona (**azzeccare** : riuscire; **ingarbugliato** : confuso, pieno di nodi da sciogliere).
4. **cappone** : gallo castrato, dalla carne particolarmente tenera e saporita.

Capitolo 1

"Ma signor avvocato, cosa ha capito?" gli chiede a un certo punto Renzo, "Io non ho minacciato nessuno, io non faccio queste cose. È quel prepotente di Don Rodrigo che ha minacciato me..."

A sentire il nome di Don Rodrigo, il dottor Azzeccagarbugli *stops* smette di parlare, si alza, spinge Renzo con le mani verso la porta, chiama la serva e gli fa restituire i capponi dicendo:

"Via, via, non voglio niente, non voglio niente!"

Renzo, con i capponi più morti che vivi in mano e con il cuore pieno di collera, torna da Lucia e Agnese. *anger*

"Bene, proprio un bravo avvocato mi avete consigliato!

Uno che difende i poveri!"

Agnese non riesce a credere al racconto di Renzo, ma Lucia ha un'altra idea: chiederà consiglio a Padre Cristoforo, un bravo frate che conosce da tempo.

"Vedrete che lui saprà trovare una soluzione che noi non immaginiamo nemmeno" dice piena di speranza. *not even*

"Lo spero," risponde Renzo ancora arrabbiato "altrimenti mi farò giustizia da solo!"

"Buona notte" dice triste Lucia al fidanzato.

"Buona notte" risponde Renzo ancora più triste.

"Qualche santo ci aiuterà" conclude Agnese.

Comprensione

1 Completa le seguenti frasi, riferite ai fatti narrati nel Capitolo 1, con i nomi dei personaggi che trovi elencati qui sotto. Attento, alcuni nomi possono essere ripetuti!

> Agnese   Lucia   Don Abbondio
> Azzeccagarbugli   Renzo   Don Rodrigo

1. Renzo ama .....Lucia........... e i due giovani hanno già fissato il giorno del matrimonio.

2. Ma ...Don Rodrigo., un signorotto del luogo, ha visto Lucia per strada: la ragazza gli piace e ha deciso di impedire il suo matrimonio; perciò manda due suoi 'bravi' a minacciare il prete che dovrebbe celebrare le nozze.

3. ...Don Abbondio non è molto coraggioso e decide di rimandare il matrimonio: Renzo è furioso, ma non c'è niente da fare.

4. Intanto a casa di Lucia e .....Agnese......... c'è gran festa: è il giorno delle nozze e la sposa è già pronta nel suo bell'abito.

5. Quando Renzo informa le due donne che il matrimonio non si può fare, ...Agnese.......... ha un'idea: si può chiedere aiuto a un famoso avvocato di Lecco, il dottor ....Azzeccagarbugli

6. ......Renzo....... parte subito per Lecco, ma l'avvocato, appena sente il nome di ...Don Rodrigo...., lo manda via sgarbatamente, perché sa che quel signorotto è troppo potente e non è consigliabile averlo come nemico.

2 Collega ogni parola della colonna di sinistra con il sinonimo corrispondente della colonna di destra.

lo sposo   andare

le nozze   il vestito

l'abito   la moglie

il promesso sposo   scappare

recarsi   la fidanzata

la sposa   il matrimonio

fuggire   il marito

il curato   il fidanzato

la promessa sposa   il prete

Grammatica

1 Inserisci nella seguente tabella i verbi che hanno la stessa radice dei nomi della lista (attenzione: sono tutti nomi e verbi che trovi nel Capitolo 1).

difare

Nomi	Verbi	Nomi	Verbi
il ritorno	ritornare	il lavoro	lavorare
la minaccia	minacciare	il sorriso	sorridere
la paura	spaventare (?)	l'ammirazione	ammirare
l'apertura	aprire	il pianto	piangere (un ueep)
il ricordo	ricordare	la soluzione	risolvere
l'uscita	uscire	lo spavento	spaventare
l'esitazione	esitare	il consiglio	consigliare

Mettiamo in ordine i fatti

1 Nel capitolo 1 hai incontrato i personaggi qui raffigurati. Scrivi sotto a ciascuno il suo nome e le sue caratteristiche.

> Renzo Tramaglino   Lucia Mondella   Don Abbondio
> Padre Cristoforo   Don Rodrigo

> giovane operaio   signorotto prepotente   prete pauroso
> ragazza mite e religiosa   monaco coraggioso

1. *Lucia Mondella*
Ragazza mite e religiosa

2. *Don Rodrigo*
Signorotto prepotente

3. *Padre Cristoforo*
monaco coraggioso

4. *Renzo Tramaglino*
giovane operaio

5. *Don Abbondio*
prete pauroso

18

2 Ti proponiamo un breve riassunto del Capitolo 1. Prova a riempire gli spazi bianchi con le parole elencate qui sotto. Attento, però, non sono nell'ordine corretto!

> saggia   Don Rodrigo   sposa   matrimonio
> nozze   Lucia   bravi   avvocato

"Una sera Don Abbondio, mentre sta tornando a casa, incontra i
(1) ......_bravi_...... che gli ordinano di non celebrare il
(2) ......_matrimonio_...... tra due giovani del suo paese, Renzo e
Lucia.   _recarsi (to go)_

Il giorno dopo Renzo si reca dal prete per decidere gli ultimi dettagli delle (3) ......_nozze_......, ma viene informato che il matrimonio non si può fare.

A questo punto il giovane comunica a (4) ......_Lucia_...... che lo sposalizio è rimandato.   _scoppiare – to burst / break out_

La futura (5) ......_sposa_...... scoppia a piangere, ma Agnese, vecchia e (6) ......_saggia_......, consiglia Renzo di andare da un famoso (7) ......_avvocato_...... di Lecco.

Il dottor Azzeccagarbugli incontra Renzo, ma quando sente parlar di (8) ......_don Rodrigo_...... lo manda via senza aiutarlo."

Che ne pensi?

1 Come ti sembra il carattere di Don Abbondio? Trova almeno tre buoni motivi per giustificare il suo comportamento e altrettanti per condannarlo.

Un motivo e che sa che Don Rodrigo e un prepotente signorotto, e che e pericolo di disubbidire i suoi ordini

2 Il dottor Azzeccagarbugli rappresenta la figura di un avvocato poco onesto. Nella società di oggi, come avrebbe potuto reagire Renzo in un caso simile?

3 La notte dopo il suo incontro con i 'bravi', Don Abbondio fa un brutto sogno. Immagina di essere al suo posto e di descriverlo, utilizzando le seguenti parole.

Don Rodrigo	bravi	Renzo	paura	gridare	spada
fucile	pistola	inseguire	scappare	cadere	

Incomincia così:

Stanotte ho fatto un bruttissimo sogno: camminavo
tranquillo per la strada, quando improvvisamente ho visto...

Lombardia

take place (accadere)

Il romanzo si svolge nell'Italia del nord, in quella che oggi è la regione Lombardia. Leggi il testo, osserva i dati e le notizie contenute nella tabella, quindi rispondi alle domande dell'esercizio che segue.

La regione Lombardia

La Lombardia confina a nord con la Svizzera e a ovest con il Piemonte, a sud con l'Emilia Romagna, a est con il Veneto e con il Trentino-Alto Adige. Il paesaggio è molto vario: montagne (le Alpi), pianure (la Pianura Padana, attraversata dal fiume Po) e laghi (Lago di Garda, Lago di Como, Lago Maggiore).

Sulle montagne gli inverni sono freddi e nevosi, mentre le estati sono fresche; intorno ai laghi il clima è più mite, *moderate/mild* mentre in pianura il clima è continentale: freddo e nebbioso d'inverno, caldo d'estate.

La Lombardia è una delle regioni più ricche d'Italia: l'agricoltura e l'allevamento *stock-breeding* sono molto sviluppati in pianura; industrie di ogni tipo sono presenti soprattutto nell'area intorno a Milano, capoluogo della regione, dove si concentrano anche banche, società finanziarie e uffici commerciali. Il turismo è invece molto attivo nella zona dei laghi e sulle Alpi.

Superficie: 23.861 kmq
Abitanti: 9.475.202
Densità della popolazione: 397 ab/kmq

Conformazione del territorio
Montagna: 40,6%
Collina: 12,4%
Pianura: 47%

Occupazione
Settore primario: 3,2%
Settore secondario: 42,2%
Settore terziario: 54,6%
Disoccupazione: 3,8%

Caratteristiche fisiche
Monti: Alpi Retiche e Orobie
Cime: Bernina, Adamello, Disgrazia, Cevedale
Fiumi: Po, Ticino, Adda, Oglio, Mincio
Laghi: Maggiore, Lugano, Como, Iseo, Garda
Pianura: Padana

Agricoltura e allevamento
Cereali, foraggi. Bovini, suini *pig-maile(m) swine cattle pigs*

Industria e commercio
Tessile, meccanica, siderurgica, *textiles iron+steel industry* chimica, petrolchimica, editoriale, manifatturiera, alimentare e del mobile. Attività finanziaria, turismo.

Province
Milano: 1.308.311 ab.
Bergamo: 117.887 ab.
Brescia: 192.165 ab.
Como: 83.016 ab.
Cremona: 71.533 ab.
Lecco: 46.477 ab.
Lodi: 42.702 ab.
Mantova: 48.103 ab.
Monza: 121.961 ab.
Pavia: 71.486 ab.
Sondrio: 21.790 ab.
Varese: 96.917 ab.

1 Indica con una *X* se le seguenti affermazioni sono vere (V) o false (F).

		V	F
a.	La Lombardia è una regione che si affaccia sul mare.	☐	☒
b.	La Lombardia è attraversata da un solo fiume: il Po.	☐	☒
c.	In Lombardia il clima è freddo d'inverno e caldo d'estate.	☒	☐
d.	Nella pianura Padana si coltivano cereali e foraggi.	☒	☐
e.	La città più importante della regione è Milano.	☒	☐
f.	Milano è soprattutto famosa come centro culturale.	☐	☒
g.	Il turismo è sviluppato soprattutto sulle montagne e intorno ai laghi.	☒	☐

solo in pianura (written by c.)

around (written under g.)

2 Quali sono le principali fonti di ricchezza della Lombardia? Cinque sono presenti nel riquadro: cercale e mettile in evidenza.

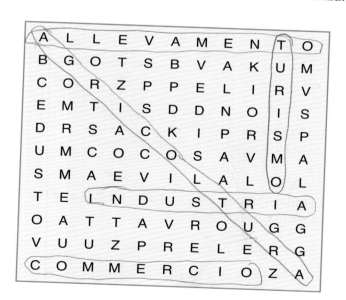

```
A  L  L  E  V  A  M  E  N  T  O
B  G  O  T  S  B  V  A  K  U  M
C  O  R  Z  P  P  E  L  I  R  V
E  M  T  I  S  D  D  N  O  I  S
D  R  S  A  C  K  I  P  R  S  P
U  M  C  O  C  O  S  A  V  M  A
S  M  A  E  V  I  L  A  L  O  L
T  E  I  N  D  U  S  T  R  I  A
O  A  T  T  A  V  R  O  U  G  G
V  U  U  Z  P  R  E  L  E  R  G
C  O  M  M  E  R  C  I  O  Z  A
```

3 Immagina di lavorare in un'agenzia di viaggi. Arrivano quattro clienti con esigenze particolari: quali zone o città della Lombardia consiglieresti a ciascuno di visitare? Per quali motivi?

Nome	Provenienza	Età	Professione e interessi
Ulrike Reichmann	Rep. Federale Tedesca	70	pensionata, ama il clima mite, le passeggiate, la tranquillità
Jean Lavalle	Francia	22	studente, adora lo sport, specialmente lo sci e il free-climbing
Momoko Takeda	Giappone	24	studentessa, le piace molto l'arte, la moda, l'opera lirica
Mihàyl Kòsa	Ungheria	43	commerciante, cerca partner italiani per l'importazione-esportazione di bestiame

Intorno
Ulrike — ai laghi, dove il clima è più mite
Jean — alle montagne (le Alpi) per fare lo sci
Momoko Takeda — Milano
Mihayl Kòsa — la pianura Padana
Consigliare — to advise

4 Sei mai stato in Lombardia? Se sì, spiega quando e dove sei stato, il motivo del tuo viaggio e le tue impressioni.

No, non sono mai stata in Lombardia

5 Se dovessi visitare la Lombardia, dove vorresti andare? In quale periodo dell'anno? Perché?

Un po' di storia

La Lombardia fu abitata nell'antichità dai Galli [1] e poi occupata dai Romani. In passato la città di Milano (in latino *Mediolanum*) fu residenza degli imperatori romani. Fu anche un centro religioso importante al tempo di Sant'Ambrogio, che oggi è il protettore della città.

In seguito, la regione fu occupata dai Longobardi (da qui il nome di 'Lombardia') che stabilirono la capitale a Pavia, altro centro importante della regione.

Fra il secolo XI e XII nelle città (dette allora 'Liberi Comuni') si svilupparono i commerci. Con l'affermazione di famiglie potenti come i Visconti, i Gonzaga e gli Sforza, le attività economiche e l'arte diventarono ancora più fiorenti.

Impoverita e decaduta sotto la dominazione spagnola nel Seicento, la Lombardia ritrovò la prosperità solo nel secolo successivo, quando fu unita all'Austria.

Nell'Ottocento partecipò attivamente al Risorgimento [2] e nel 1861 diventò parte dell'Italia unita.

1. **Galli** : nome dato dai Romani ai Celti.
2. **Risorgimento** : periodo storico compreso fra la fine del 1700 e il 1870, caratterizzato dalle lotte per ottenere l'indipendenza dall'Austria, che portarono all'unificazione dello Stato italiano.

1 Completa le seguenti frasi servendoti delle informazioni contenute nel brano precedente.

a. Prima dell'arrivo dei Romani, in Lombardia .... i Galli.

b. All'epoca della dominazione romana, Milano divenne .....*residenza*.... dell'imperatore.

c. Il protettore di Milano è ..... *Sant'Ambrogio*

d. Dopo i Romani, arrivarono ....*i Longobardi*, che scelsero come loro capitale .....*la città de Pavia*.

e. Il nome 'Lombardia' deriva da ....*i Longobardi*... .

f. I Visconti, i Gonzaga e gli Sforza erano ....*famiglie potente economicamente*

g. Sotto gli Spagnoli (nel Seicento), la Lombardia .....*diventò impoverita e decaduta*

h. Nel Settecento la Lombardia diventò parte dell'............................., ma nel 1861 ottenne l'indipendenza e si unì al nuovo Stato ....

2 Completa questa tabella coniugando i verbi al passato remoto (si trovano tutti nel testo che hai letto sulla storia della Lombardia).

Infinito	Passato remoto	
	egli / ella	essi
fissare	*fissò*	*fissarono*
essere		
svilupparsi		
affermarsi		
fiorire		
ritrovare		
partecipare		
diventare		

La moda nel Seicento

A Milano, nel Seicento, ricchi e poveri indossavano vestiti diversi soprattutto per il tipo di materiali usati, mentre certi abiti erano tipici di alcune categorie di persone.

Lucia e la Monaca di Monza (fine del XIX secolo), Mosé Bianchi.
Pinacoteca Civica, Brescia.

Sera sulla Piazza (XVIII secolo), Giacomo Ceruti.
Museo Civico, Torino.

1 **Ora osserva con attenzione i dipinti e prova a rispondere alle domande.**

— Cosa rappresentano i due dipinti?

....

— Quali differenze noti ?

....

— Quali elementi ti colpiscono in modo particolare?

....

CAPITOLO **2**

Il matrimonio a sorpresa

adre Cristoforo è un uomo più vicino ai sessanta che ai cinquanta. Una lunga barba bianca gli copre le guance e il mento. Gli occhi vivaci e profondi risaltano in quel volto magro e volitivo. [1] Il suo passato nasconde un segreto, ma oggi chi lo conosce lo considera un esempio di generosità cristiana.

Da Pescarenico, un paese sulla riva del fiume Adda, dove si trova il suo convento, raggiunge la casetta di Agnese, che l'ha mandato a chiamare.

"Spiegatemi tutto!" dice, entrando nella povera casa.

E mentre Agnese racconta al frate tutta la storia, Lucia piange in silenzio, poi esclama: "Non ci abbandonerà, vero, Padre?"

---

1. **volitivo** : energico, che esprime un carattere forte.

"E come potrei?" risponde Padre Cristoforo. "Anzi," aggiunge "andrò oggi stesso a parlare a quell'uomo!"

Il palazzotto di Don Rodrigo sorge [1] isolato e per questo fa ancora più paura, ma Padre Cristoforo è pieno di coraggio per aiutare i suoi poveri.

Un servo lo introduce nel salotto davanti al padrone che sta pranzando con i suoi amici, fra cui il cugino, il Conte Attilio. Don Rodrigo gli offre da bere e Padre Cristoforo accetta per non irritarlo.

A tavola gli ospiti mangiano, ridono, gridano. Solo Don Rodrigo osserva il frate che pazientemente aspetta e non ha nessuna intenzione di andarsene prima di essere ascoltato. Dopo un po' Don Rodrigo si alza da tavola e conduce il frate in un'altra stanza.

"In che cosa posso servirLa?" chiede il signorotto.

Padre Cristoforo, con rispettosa umiltà, comincia a dire: "Vengo a proporLe un atto di giustizia, a parlare alla Sua coscienza."

"Parlerà alla mia coscienza quando verrò a confessarmi da Lei e, quando voglio sentire una predica, so andare in chiesa!" ribatte Don Rodrigo. Mentre sta per andarsene spazientito, il frate gli si mette davanti e lo implora di non tormentare più Lucia, la sua protetta.

A queste parole Don Rodrigo scoppia a ridere e aggiunge: "Ebbene, le consigli di venire a mettersi sotto la mia protezione: non le mancherà più nulla e nessuno oserà farle del male!"

"La Sua protezione?" esclama il frate indignato; quindi, alzando un braccio, pronuncia la sua maledizione:

"Senta bene quello che io Le prometto: verrà un giorno..."

---

1. **sorgere** : (qui) si trova.

I Promessi Sposi

Ma Don Rodrigo afferra quella mano minacciosa e dice al frate: "Esca subito di qui!"

Padre Cristoforo abbassa il capo ed esce da quella casa.

Deluso e mortificato va verso la casetta di Lucia e Agnese.

Intanto un altro piano è venuto in mente ad Agnese: organizzare un matrimonio a sorpresa. Bisogna trovare due testimoni e andare da Don Abbondio. Lì, davanti ai testimoni e al curato, Renzo dirà: "Questa è mia moglie."

Lucia dirà: "Questo è mio marito." E il matrimonio è fatto.

"Ma questo è un imbroglio" dice Lucia.

"Lasciati guidare da chi ne sa più di te" le risponde la madre; quindi aggiunge: "E poi Dio dice: aiutati che io t'aiuto."

Renzo naturalmente è d'accordo con Agnese e va subito a cercare i testimoni, due fratelli amici suoi di nome Tonio e Gervaso.

Ma che scusa trovare per fare aprire la porta a Don Abbondio? Renzo pensa di mandare Tonio a restituire dei soldi che doveva al curato.

"Va bene," dice Agnese "va bene, ma... non avete pensato a tutto."

"Cosa ci manca?" chiede Renzo.

"E Perpetua? Non avete pensato a Perpetua. Tonio e suo fratello li lascerà entrare, ma voi! Voi due! Darà certo ordine di tenervi lontani!"

"Come faremo?" si domanda Renzo.

E Agnese: "Ecco: ci ho pensato io. Verrò con voi e mi metterò a parlare con Perpetua, mentre voi entrerete di nascosto. So io un argomento che le interessa..."

I Promessi Sposi

Meanwhile

Ma Lucia non si convince, perché pensa che quel piano sia un'offesa a Dio. Nel frattempo, arriva Padre Cristoforo, triste come un buon capitano che ha perduto, senza colpa, una battaglia importante.

"La pace sia con voi!"[1] dice ai tre il frate entrando e Agnese, Renzo e Lucia, nel vederlo, capiscono tutto: le donne abbassano il capo, ma Renzo pieno d'ira grida rivolto a Lucia: *(turning to addressing)* "Ebbene, io non ti avrò, ma non ti avrà neanche lui!"

Prima incerta e dubbiosa, a questo punto Lucia acconsente al matrimonio a sorpresa.

Dopo quella giornata piena di agitazione, la notte porta ai tre un buon riposo, ma al mattino seguente, di buon'ora, sono tutti al lavoro per preparare la grande operazione.

Intanto Don Rodrigo, ancora turbato per le parole del frate, *(to bet)* scommette con il cugino Attilio che sarà capace di rapire Lucia e ordina al Griso, capo dei 'bravi', di prendere tutti gli uomini che gli servono, in modo che la cosa riesca.

È sera. Renzo con i suoi testimoni, Tonio e Gervaso, si reca all'osteria del paese per offrire loro la cena. Poi, nel silenzio della notte, *(quietly quietly)* zitti zitti nel buio tra gli orti e i campi, i due promessi sposi, i due testimoni e Agnese si dirigono verso la casa di Don Abbondio.

"Chi è a quest'ora?" grida una voce dalla finestra.

"Sono io," risponde Tonio "con mio fratello. Abbiamo bisogno di parlare al signor curato."

"E vi sembra questa l'ora?" dice Perpetua bruscamente "Tornate domani."

---

1. **"La pace sia con voi!"** : antica formula di saluto.

"Ho riscosso dei soldi e venivo a saldare[1] il mio debito."

"Aspettate, aspettate! Chiedo a Don Abbondio e torno a darvi la risposta."

Don Abbondio sta leggendo. Anche lui si meraviglia dell'ora della visita, ma quando sente che Tonio vuole restituirgli i suoi soldi pensa: "Meglio prenderli subito" e fa entrare i due fratelli.

In quel momento Agnese saluta Perpetua sulla porta e si ferma a parlare con lei.

"Vengo ora dal paese qui vicino e una donna mi ha detto che non ti sei sposata, perché i tuoi fidanzati non ti hanno voluta. Io invece le ho detto che era il contrario…"

Questo argomento spinge Perpetua a raccontare ad Agnese tutto il suo passato. Lo scopo di tenere lontana Perpetua da Don Abbondio è così stato raggiunto!

Mentre le due donne parlano animatamente, Tonio bussa alla porta di Don Abbondio.

"Deo gratias"[2] dice con voce chiara.

"Tonio, entra!" ribatte il curato da dentro.

Tonio apre la porta quel tanto che basta per poter passare insieme al fratello, mentre Renzo e Lucia restano immobili al buio fuori della porta. C'è il più completo silenzio; il rumore più forte è il martellare del povero cuore di Lucia.

Mentre Don Abbondio registra di aver ricevuto il denaro, Tonio e Gervaso si mettono davanti al tavolo per impedire al curato di vedere la porta. Poi fanno un leggero rumore con le scarpe per avvertire Renzo e Lucia che, zitti zitti, entrano nella stanza nascondendosi dietro i due fratelli. Quando Don

---

1. **saldare** : pagare.
2. **Deo gratias** : antica forma di saluto in latino ("sia ringraziato Dio").

I Promessi Sposi

scostarsi — to stand aside

Abbondio alza gli occhi, vede che i due fratelli si scostano, come un sipario[1] che si apre, e dietro a loro appaiono... i due promessi sposi!

Don Abbondio è confuso e stupito. Renzo dice: "Signor curato, in presenza di questi testimoni, questa è mia moglie."

Il curato allora con una mano prende la lampada, con l'altra la tovaglia, mentre Lucia non riesce a completare la frase e dice solo: "Questo è mio..." Don Abbondio infatti le butta la tovaglia addosso e comincia a gridare: "Perpetua! Perpetua! Tradimento! Aiuto!"

I quattro scappano, mentre Don Abbondio ordina al campanaro di suonare le campane.

A quei rintocchi[2] la gente del paese si sveglia e i più coraggiosi scendono a prendere le forche:[3] tutti pensano che ci sia un pericolo.

Intanto i 'bravi' vanno alla casa di Lucia per rapirla, ma non trovano nessuno. Immaginano che qualcuno abbia fatto la spia e, quando sentono le campane nella notte, fuggono impauriti.

Le donne e Renzo, in tutta quella confusione, vanno da Padre Cristoforo, che ha preparato per loro la fuga.

"Vedete bene che ora questo paese non è sicuro per voi" dice Padre Cristoforo "È il vostro, ci siete nati, non avete fatto male a nessuno, ma Dio vuole così. Via, non c'è tempo da perdere. Andate, il cuore mi dice che ci rivedremo presto."

Sulla riva, una barca aspetta Renzo, Lucia e Agnese: non tira

---

1. **sipario** : la tenda che in teatro si alza sul palcoscenico per mostrare al pubblico lo spettacolo.
2. **rintocco** : rumore delle campane.
3. **forca** : bastone con due punte usato in campagna.

I Promessi Sposi

un alito[1] di vento, il lago giace liscio e piano e sembrerebbe immobile, se non fosse per l'ondeggiare leggero della luna che vi si specchia. I passeggeri salgono silenziosi e il barcaiolo comincia a remare. A poco a poco il loro paese si allontana: si vedono le case, il palazzotto di Don Rodrigo e Lucia rabbrividisce. Poi posa sul braccio la fronte, come per dormire, e piange segretamente: "Addio, monti sorgenti[2] dalle acque ed elevati al cielo, e ville bianche sparse sui pendii, come branchi di pecore al pascolo, addio!"

Questi sono i pensieri di Lucia, non diversi da quelli degli altri due viaggiatori, mentre la barca si avvicina alla riva destra dell'Adda.

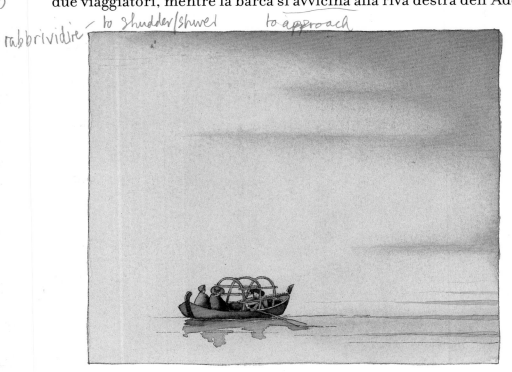

1. **alito**: (qui) soffio.   2. **sorgenti**: (qui) che si innalzano.

38

Comprensione

1 **Associa le seguenti parti in modo da ottenere delle frasi che riassumono il contenuto del Capitolo 2.**

1. Don Rodrigo non accetta
2. Agnese propone
3. Don Rodrigo ordina
4. Don Abbondio riceve
5. Renzo e Lucia decidono

a. di fuggire.
b. la visita di Tonio. *kidnapping*
c. il rapimento di Lucia.
d. un matrimonio a sorpresa.
e. la richiesta di Padre Cristoforo.

1 e   2 d   3 c   4 b   5 a

2 **Scegli l'affermazione esatta per dire in che cosa consiste il "matrimonio a sorpresa".**

a. ☐ Renzo e Lucia pagheranno il prete, perché celebri le loro nozze.

b. ☐ Tonio dirà al prete che gli restituirà il suo denaro solo se celebrerà le nozze di Renzo e Lucia.

c. ☑ Renzo e Lucia pronunceranno la formula del matrimonio davanti a un prete e due testimoni, diventando automaticamente marito e moglie.

d. ☐ Renzo e Lucia, con l'aiuto di Tonio e Gervaso, entreranno di nascosto in casa del prete per minacciarlo di rubargli tutti i soldi, se non li unirà in matrimonio.

3 **Nel Capitolo 2 Agnese usa un famoso proverbio italiano. Ricostruiscilo usando le lettere allineate in disordine qua sotto.**

A   E   T   I   A   O   T   I   I   U   I

A I U T A T I   C H E   D I O
T E   A I U T A

Grammatica

1 **Completa le seguenti frasi che si riferiscono a Padre Cristoforo, utilizzando le preposizioni semplici e/o articolate che ritieni adatte.**

Padre Cristoforo va:

a. ....*da*.... Agnese

b. ....*a/la*.... campagna

c. ....*al*.... convento

d. ....*nel*.... salotto

e. ....*a la*.... casetta di Agnese

f. ....*da*.... Don Rodrigo

g. *nella* (*in*) una stanza con Don Rodrigo

h. ....*al*.... palazzotto di Don Rodrigo

Mettiamo in ordine i fatti

1 **Leggi le seguenti frasi e rimettile in ordine cronologico in modo da costruire un breve riassunto del Capitolo 2.**

a. [3] Padre Cristoforo rimprovera Don Rodrigo e lo esorta a non tormentare più Lucia.

b. [9] Sentendo le campane, i 'bravi' fuggono dalla casa di Lucia.

c. [5] Don Rodrigo ordina al capo dei suoi 'bravi' di rapire Lucia.

d. [1] Padre Cristoforo va a trovare Agnese e Lucia che lo hanno mandato a chiamare.

e. [6] Di notte Renzo, Lucia, Agnese e i testimoni vanno a casa di Don Abbondio.

f. [7] Don Abbondio è sorpreso, ma reagisce mandando a <u>monte</u> il progetto. *– check*

g. [4] Agnese ha l'idea di organizzare in segreto il matrimonio fra Lucia e Renzo.

h. [8] Don Abbondio fa suonare le campane.

i. [2] Padre Cristoforo va a parlare a Don Rodrigo nel suo palazzotto.

Che ne pensi?

1 **Don Rodrigo rappresenta il prepotente che, per ottenere quello che vuole, non esita a usare la violenza. Esistono oggi, secondo te, delle categorie di persone che si comportano come lui?**

Si, certo. Ci sono compagnie multi nazionale che vogliono expltare sfruttare agli paesi piu poveri per fare profitto per esempio di minerali

2 **Alla fine del suo colloquio con Don Rodrigo, Padre Cristoforo lascia a metà la sua minaccia. Concludi tu la frase.**

Verrà un giorno che i poveri ribelleranno ribellarsi contra sua dittatura e avrà justizia giustizia

3 **Hai fantasia? Completa il seguente dialogo fra Agnese e Perpetua.**

Agnese: "Perpetua, sai che mi hanno detto? Che non ti sei sposata, perché i tuoi fidanzati non ti hanno voluta..."

Perpetua: Ma non e vero. Sono io che non gli ho voluta

Agnese: "L'avevo detto io! Una bella donna come te! Chissà da giovane quanti ti facevano la corte, vero?"

Who Knows

Perpetua: Si molti giovani mi facevano la corte

Agnese: "E allora, perché non ti sei mai sposata?"

Perpetua: Perché ho preferita rimanere sola, indipendente, libera per fare tutto che voglio

Padre Cristoforo (1840), Francesco Gonin.

Il segreto di
Padre Cristoforo

Padre Cristoforo alla nascita si chiamava Lodovico: era figlio di un ricco mercante ed era stato educato come un nobile. Lodovico era un giovane dal carattere forte e non sopportava i soprusi. [1] Un giorno andava per strada seguito da due suoi 'bravi' e accompagnato da un giovane servo di nome Cristoforo, quando incontrò un nobile seguito da quattro 'bravi'. Tutti e due camminavano lungo il muro e, quando si trovarono uno di fronte all'altro, nessuno voleva lasciare passare l'altro per primo: questo a quell'epoca era considerato un terribile insulto.

1. **sopruso** : ingiustizia, prepotenza, offesa.

"Fatemi spazio" disse il nobile.

"Fatemi spazio voi" rispose Lodovico.

I due cominciarono a offendersi e poi passarono alle armi. Anche i servi si lanciarono a difendere i loro padroni, ma la lotta era impari:[1] Cristoforo cadde ucciso, mentre Lodovico fu costretto a difendersi in un terribile duello che si concluse con la morte dell'avversario.

Il fatto era accaduto vicino a un convento di frati cappuccini, che di solito offrivano asilo[2] alle persone che volevano sfuggire alla giustizia. Lodovico, ferito, fu portato nel convento da alcuni passanti che avevano assistito alla scena e i frati lo accolsero. "È un brav'uomo che ha ucciso un criminale," sostenevano tutti "lo ha fatto per sua difesa!"

Lodovico infatti non aveva mai ucciso nessuno prima di allora: vedere il servo morire per causa sua e l'altro ucciso dalle sue stesse mani, aveva provocato in lui un dolore nuovo e indicibile. Per prima cosa decise di lasciare tutti i suoi averi[3] alla moglie e ai figli di Cristoforo e di farsi frate, prendendo il nome dell'amico morto.

Poi volle andare a chiedere perdono al fratello dell'uomo che aveva ucciso: con gli occhi bassi, nascosto nel suo saio,[4] passò la porta di casa del gentiluomo, seguito da cento sguardi della folla di signori riuniti per l'occasione. Il padrone di casa lo aspettava con arroganza,[5] mentre Lodovico (che ormai era diventato Padre Cristoforo) si inginocchiò ai suoi piedi, chinando la testa rasa e disse: "Io sono l'omicida di Suo fratello. Sa Dio se vorrei restituirglielo, ma non potendo fare altro che porgerLe le mie scuse, La supplico di accettarle per l'amor di Dio."

1. **impari** : non equilibrata, non ad armi pari.
2. **asilo** : ospitalità.
3. **avere** : bene, ricchezza, possedimento.
4. **saio** : abito di un frate.
5. **arroganza** : atteggiamento superbo e insolente.

A queste parole si alzò un mormorio di pietà e di rispetto.

I familiari dell'ucciso, che si aspettavano di gustare la gioia dell'orgoglio, [1] provarono invece la gioia del perdono e della benevolenza.

Padre Cristoforo si reca dal fratello del nobile ucciso e,
inginocchiatosi ai suoi piedi, chiede perdono.

1. **orgoglio** : superbia, sentimento che fa sopravvalutare i propri meriti.

1 Indica con una X le affermazioni esatte.

1. Padre Cristoforo era figlio
   a. ☐ di un ricco mercante che si chiamava Lodovico
   b. ☑ di un ricco mercante e si chiamava Lodovico
   c. ☐ del servo di un ricco mercante e si chiamava Lodovico

2. Lodovico un giorno fece un duello con un giovane nobile perché
   a. ☐ l'altro lo aveva insultato con delle brutte parole
   b. ☐ Lodovico era solo ricco e l'altro era nobile
   c. ☑ nessuno dei due aveva voluto cedere il passo all'altro per strada

3. Nel duello muore
   a. ☑ il servo di Lodovico
   b. ☐ il nobile
   c. ☑ il nobile, ma anche il servo di Lodovico

4. Lodovico, ferito, si rifugia
   a. ☐ a casa
   b. ☑ in un convento
   c. ☐ a casa del nobile

5. Lodovico, pentito, decide di
   a. ☐ sposare la vedova del suo servo
   b. ☐ partire come soldato
   c. ☑ diventare frate

6. Lodovico incontra i familiari del giovane nobile per
   a. ☑ chiedere loro perdono
   b. ☐ vendicarsi
   c. ☐ salutarli

2 Completa il testo coniugando i verbi fra parentesi all'imperfetto o al passato remoto indicativo.

a. Il nome di Padre Cristoforo alla nascita (essere)
............era...... Lodovico: figlio di un mercante, (avere)
.....aveva......... una forte personalità e un carattere che non
(tollerare) ..tolleravano.... le offese.

b. Un giorno Lodovico, mentre (camminare) ...camminava..... per
strada, (vedere) ..vede/vedette.. un nobile con il suo seguito
di 'bravi'.
vide

c. Poiché il nobile non (volere) ...voleva......... cedergli il passo
e neppure Lodovico (volere) ....voleva............ cederlo a lui, i
due (sfidarsi) ...si sfidarono... in duello.

d. Nella lotta (cadere) ....caddero...... il nobile e il servo di
Lodovico, Cristoforo.

e. Pentito e disperato, Lodovico (farsi) ...si fece.......... frate e
(chiedere) ......chiese....... solennemente perdono ai familiari
dell'avversario ucciso.

3 Oggi come si giudicherebbe la causa del duello in cui Lodovico
uccide l'avversario? Scegli uno fra questi aggettivi e fai altri esempi
riferiti al giorno di oggi.

grave   importante   futile   seria   banale   utile

la guerra fra Israel e Palestina

4 In quali altri modi Lodovico avrebbe potuto riparare la sua offesa?

avrebbe potuto organizzare una campagna contro
la tradizione di no lasciare passare l'altro
e (fra i nobili), ed educare i nobili
per vedere che la cortesia agli altri no e
indicativo della debolezza ma

I duelli

Il duello era un combattimento fra due avversari che si sfidavano per risolvere con le armi una questione d'onore: se qualcuno riceveva un insulto, infatti, poteva sfidare in duello colui che lo aveva offeso.

to challenge

Nel Seicento si usava generalmente la spada, mentre alla fine del Settecento si cominciano a fare anche duelli con la pistola.

Oggi i duelli non esistono più, ma la tradizione di tanti secoli di combattimenti è rimasta in uno sport popolare: la scherma. *fencing*

Il Duello (1882), Howard Pyle.

La scherma *foil*

Esistono diversi tipi di armi usate nei combattimenti di scherma: la spada, il fioretto, la sciabola. *sabre*

Nell'incontro, i due avversari indossano una <u>divisa</u> bianca, hanno la *uniform* mano protetta da un guanto e il viso coperto da una speciale maschera.

Nel combattimento di scherma vince lo schermitore che per primo tocca cinque volte l'avversario con la punta dell'arma.

Schermitrici impegnate in un 'assalto' nell'arma del fioretto.

CAPITOLO 3

Al monastero della monaca di Monza

I nostri viaggiatori arrivano a Monza di prima mattina: Renzo si incammina da solo verso Milano; Lucia e Agnese salgono, invece, su un carro per raggiungere un frate, amico di Padre Cristoforo, a cui chiedere aiuto.

Il frate, appena letto il biglietto di Padre Cristoforo, resta un po' a pensare. Poi esclama: "Donne mie, io tenterò e spero di trovarvi un rifugio più che sicuro... se la signora vuole prendersi questo impegno... Volete venire con me?"

Le due donne fanno rispettosamente cenno di sì e il frate riprende:

"Bene, vi condurrò subito al monastero della signora."

I Promessi Sposi

Appena arrivati, entrano nel primo cortile e da lì nel parlatorio. Lucia, che non aveva mai visto un monastero, rimane incantata a osservare, in attesa di fare il suo inchino alla signora. Ad un certo punto, Agnese e il frate si muovono verso un angolo della stanza: lì, dietro a una finestra con delle grosse e fitte sbarre di ferro, c'è una monaca. Poteva avere venticinque anni, ancora bella, ma di una bellezza sfiorita[1] e scomposta.

Le due donne le fanno grandi inchini, ma la monaca le interrompe dicendo:

"È una fortuna per me fare un piacere ai frati cappuccini. Ma vorrei conoscere meglio il caso di questa giovane per aiutarla." Lucia diventa rossa e abbassa la testa.

"Deve sapere, madre," comincia a raccontare il frate "che questa giovane ha dovuto lasciare il suo paese per sottrarsi a gravi pericoli: un cavaliere prepotente la perseguitava…"

"Quello che ha detto il frate è la pura verità," aggiunge Lucia "Vorrei morire, piuttosto che cadere nelle mani di quel signore!"

"Vi credo," riprende la monaca "e anzi, ho già pensato ad una soluzione: resterete qui e nessuno potrà farvi del male."

I 'bravi', intanto, come un branco di cani che hanno inseguito invano una lepre, tornano mortificati[2] da Don Rodrigo e il loro capo, il Griso, gli riferisce quello che è successo.

"Tu non hai colpa," commenta il padrone "hai fatto quello che potevi, ma ora devi scoprire dove sono scappati quei tre."

1. **sfiorita** : qui, invecchiata, che ha perso la giovinezza.
2. **mortificato** : triste, deluso.

I Promessi Sposi

Il Griso obbedisce e il giorno dopo torna a riferire che Lucia e sua madre si sono rifugiate in un monastero di Monza e che Renzo è andato a Milano.

Ricevute queste notizie, Don Rodrigo è ben felice della separazione della coppia e subito spedisce il Griso a Monza per saperne di più.

Intanto Renzo cammina da Monza a Milano in uno stato d'animo dibattuto tra la rabbia e il desiderio di vendetta.

Ma quando lungo la strada incontra un tabernacolo, [1] si toglie il cappello e si ferma un momento a pregare.

Si dirige poi verso il convento dei cappuccini in cerca di Padre Bonaventura e, seguendo la strada che gli è stata indicata, arriva infine alla Porta Orientale della città.

Andando avanti, Renzo nota per terra qualcosa di strano: sono strisce bianche e soffici, sembra neve… ma è farina! Fatto qualche passo, alla base di una colonna, vede… dei pani!

"… E ci dicevano che a Milano c'era la carestia!" [2] pensa. Poi raccoglie un pane tondo, bianco, soffice ed esclama: "Altro che carestia! Qui siamo nel Paese della Cuccagna!" [3] Ne prende un altro e comincia a mangiarlo, mentre vede arrivare un uomo, una donna e un ragazzo carichi di sacchi di farina e di ceste di pane. I tre corrono e gridano, tutti eccitati e impauriti. "Cosa sta succedendo?" si chiede Renzo "È forse una città in rivolta?" La risposta la conosceremo più tardi.

1. **tabernacolo** : piccola cappella aperta, posta lungo la strada e contenente immagini di santi.
2. **carestia** : mancanza di cibo.
3. **il Paese della Cuccagna** : luogo immaginario pieno di delizie di ogni genere.

Comprensione

⚠ Leggi le domande e scegli la risposta esatta.

1. Perché Renzo, Lucia e Agnese sono scappati di notte dal loro paese?
   a. ☐ Per cercare lavoro
   b. ☑ Per sfuggire al loro nemico
   c. ☐ Per celebrare il matrimonio

2. A Monza si separano: dove va Renzo?
   a. ☑ Verso Milano
   b. ☐ Resta in città
   c. ☐ Torna al paese

3. Chi è il frate che accoglie Agnese e Lucia?
   a. ☐ Fra' Cristoforo
   b. ☑ Un amico di Fra' Cristoforo
   c. ☐ Un fratello di Fra' Cristoforo

4. Chi incontrano le due donne al monastero?
   a. ☐ L'Innominato
   b. ☐ Perpetua
   c. ☑ La Monaca di Monza

5. Il capo dei 'bravi' di Don Rodrigo non è riuscito a eseguire l'ordine del suo padrone: qual era quest'ordine?
   a. ☐ Uccidere Lucia
   b. ☐ Rapire Renzo
   c. ☑ Rapire Lucia

6. Cosa c'è di strano nella città in cui arriva Renzo?
   a. ☐ Le strade sono allagate
   b. ☑ Le strade sono disseminate di pane e farina
   c. ☐ Le strade sono deserte

2 Nel Capitolo 3 i 'bravi' sono paragonati a un branco di cani; collega gli altri nomi collettivi, che trovi elencati qui sotto, all'immagine corrispondente.

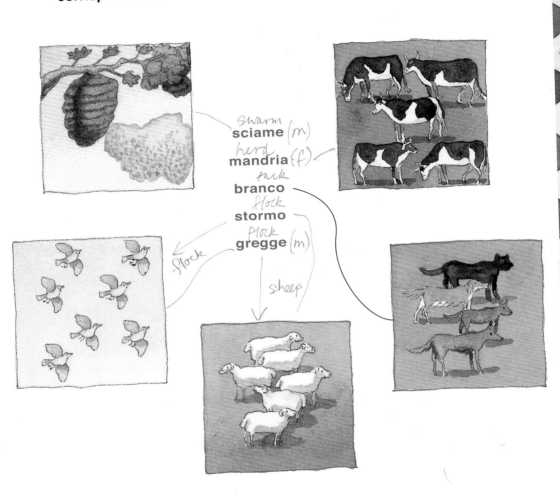

swarm
sciame (m)

herd
mandria (f)

pack
branco

flock
stormo

flock
gregge (m)

flock

sheep

3 Quale fra le seguenti parole non compare nel Capitolo 3? Indicala con una X.

note

☐ sbarre   ☐ tabernacolo   ☑ biglietto   ☐ sacchi

☐ cani   ☑ stivali   ☐ ceste   ☐ colonna

Grammatica

1. Costruisci delle frasi di senso compiuto, usando le parole tra parentesi e il verbo al tempo presente, come nell'esempio.

a. (Renzo/dirigersi/Milano) _Renzo si dirige verso Milano._

b. (Agnese e Lucia/rifugiarsi/monastero) _Si rifugiano nel monastero_

c. (Noi/fermarsi/tabernacolo/pregare) _Noi ci fermiamo nel tab.:_ per

d. (Voi/togliersi/cappello/strada) ....

e. (Loro/incamminarsi/Monza) ....

f. (Tu/sottrarsi/pericolo/fuggendo) ....

g. (Io/prendersi/impegno/aiutare/ragazza) _Io prende l'impegno di_ ne _aiutare la ragazza_

2. Ti proponiamo un breve riassunto del Capitolo 3. Prova a riempire gli spazi bianchi con le parole elencate qui sotto. Attento, però, non sono nell'ordine giusto!

monaca	piedi	monastero	farina	Monza	Griso

"Renzo, Lucia e Agnese giungono a ...._Monza_...., a quel punto però si separano; Lucia e Agnese raggiungono con un carro un ...._Monastero_.... della città, mentre Renzo prosegue a ...._piedi_.... per Milano. Madre e figlia, accompagnate da un frate, fanno la conoscenza della ...._monaca_.... di Monza che le prende sotto la sua protezione. Nel frattempo Don Rodrigo ordina al ...._Griso_.... di scoprire dove sono nascosti i promessi sposi. Infine Renzo arriva a Milano e vede della gente che sta correndo con dei sacchi di ...._farina_.... in spalla".

finally, in short

Che ne pensi?

1. Lucia per sfuggire a Don Rodrigo si rifugia in monastero. Che cosa avrebbe potuto fare, invece, al giorno d'oggi?

Avrebbe potuto domandare (chiedere) alla polizia alle assistente sociale di di fornire protezione (+)

Ora scrivi tu una breve storia d'amore contrastato ambientata ai giorni nostri. Ecco alcune idee da sviluppare.

I FIDANZATI

- chi sono?
- dove vivono?
- che lavoro fanno?

GLI AMICI

- chi sono?
- cosa fanno per aiutare i due fidanzati?

IL NEMICO

- chi è?
- dove vive?
- che lavoro fa?
- perché vuole impedire il matrimonio?

L'OSTACOLO

- che sistema usa il nemico per impedire il matrimonio?

LA REAZIONE

- cosa fanno i due fidanzati per opporsi al nemico?

L'EPILOGO

- come si risolve la faccenda?
- si sposano?
- non si sposano?

La Signora di Monza (1847), Giuseppe Molteni.

La storia della monaca di Monza

"Bene, vi condurrò subito al monastero della signora" aveva detto il frate cappuccino a Lucia e Agnese. Ma chi era la signora? Era una monaca, ma non come le altre.

Aspetto fisico

Età: circa 25 anni

Occhi: nerissimi

Lineamenti: delicati

Carnagione: molto pallida

Sopracciglia: nere e folte   folto

Bocca: rosea

Atteggiamenti

Fronte: si raggrinza spesso come per una contrazione dolorosa.
Sopracciglia: si ravvicinano spesso con movimenti rapidi e improvvisi.
Occhi: spesso fissano a lungo in viso le persone, poi improvvisamente guardano in basso.
Bocca: ha movimenti improvvisi, vivaci e pieni di mistero.

Carattere

Di solito una suora è:

umile
semplice
serena
fiduciosa
luminosa
modesta
sottomessa

obbediente
docile
limpida
sincera
onesta
rispettosa
composta

invece lei è:

arrogante
misteriosa
imperiosa
superba
complicata
tormentata
triste

confusa
sospettosa
diffidente
cupa
falsa
disonesta
scomposta

Per capire meglio la personalità della monaca di Monza, racconteremo ora la sua storia. Era l'ultima figlia di un principe milanese che, per lasciare le sue ricchezze al primogenito, aveva destinato al convento tutti i figli cadetti,[1] sia maschi che femmine.

Gertrude bambina

Fin da bambina Gertrude (questo infatti era il suo vero nome) aveva avuto bambole vestite da suora. Tutti le dicevano che era bella e brava come una piccola suora e suo padre, quando vedeva che rideva

---

1. **cadetto** : figlio non primogenito.

e scherzava troppo liberamente, la rimproverava: "Ehi! Ehi! Non è così che si comporta una come te!"

Nessuno le aveva mai detto direttamente che doveva diventare monaca per tutta la vita, ma tutta la famiglia la vedeva già destinata alla Chiesa.

E a sei anni, per ricevere un'educazione adatta alla sua classe sociale, entrò in convento.

Gertrude adolescente

Ma Gertrude era una ragazzina esuberante e felice, soprattutto d'estate, quando tornava nel palazzo di famiglia. Proprio in una di queste vacanze si innamorò di un paggio:[1] orrore!

Il padre scoprì un suo biglietto d'amore e le fece una scenata terribile. Gertrude, per quello che non era una colpa, visse quei giorni con la vergogna, con il rimorso e con il terrore dell'avvenire.

Alla fine Gertrude decise di chiedere perdono al padre che, stranamente benevolo, le disse: "Bene, vedo che ti sei pentita e che hai deciso di farti suora per sempre."

Gertrude entra in monastero

Ormai in famiglia tutti la chiamano 'la sposina', cioè 'sposa di Dio' (così erano dette le giovani destinate a diventare monache). Gertrude era triste e indispettita, e allo stesso tempo confusa per tutti quei complimenti.

Venne il giorno in cui doveva rientrare al monastero e, arrivando a Monza, si sentì stringere il cuore: infatti doveva incontrare, alla presenza di suo padre, la Madre Badessa[2] e dirle il suo desiderio di

---

1. **paggio** : giovane servitore dell'epoca.
2. **Madre Badessa** : suora a capo di un convento.

farsi monaca. Il momento era arrivato; all'inizio Gertrude seppe balbettare solo due parole: "Sono qui..." poi, visti gli occhi minacciosi del padre, completò la frase: "... sono qui a chiedere di essere ammessa a vestire l'abito religioso."

Il giorno successivo Gertrude doveva ripetere la stessa richiesta anche a un altro sacerdote, ma fin dal mattino cercò nella mente un modo per tornare indietro. Quando il prete le chiese se sentiva veramente il desiderio di farsi monaca, Gertrude stava per dare la vera risposta, ma la paura del padre la spinse a dire: "Ho deciso di diventare monaca liberamente."

"Davvero?" chiese di nuovo il buon prete. E di nuovo la ragazza rispose: "Ho sempre avuto questo desiderio, per servire Dio e... per fuggire dai pericoli del mondo." Gertrude lo ingannò e ingannò se stessa, diventando così monaca per sempre.

In convento diventò maestra delle educande:[1] le piaceva comandare. Questo per lei era fonte di orgoglio, ma non bastava a farle accettare la sua situazione.

Gertrude incontra l'amore

Tra gli altri privilegi, Gertrude aveva quello di non vivere insieme alle altre suore del convento, ma in un quartiere a parte. Quel lato del monastero si affacciava su una casa abitata da un giovane senza scrupoli[2] di nome Egidio.

Da una finestra del suo appartamento Egidio vedeva ogni giorno Gertrude camminare nel cortile: attratto più che impaurito dalle possibili conseguenze, un giorno ebbe il coraggio di rivolgerle la parola e la sventurata[3] rispose.

1. **educanda** : ragazza che sta per diventare suora.
2. **senza scrupoli** : senza regole morali.
3. **sventurata** : sfortunata, infelice.

Questa era la monaca di Monza quando era stata presentata a Lucia e aveva avuto con lei un colloquio insistente e curioso sui particolari della persecuzione di Don Rodrigo, che era apparso del tutto nuovo e insolito alla giovane e semplice <u>contadina</u>. *farmworker / peasant*

Lucia, infatti, non conosceva la storia di Gertrude e, stupita dal suo comportamento, chiese spiegazione alla madre:

"Non ti meravigliare" le aveva risposto Agnese. "Quando avrai conosciuto il mondo quanto me, ti accorgerai che i signori, chi più chi meno, sono tutti un po' matti. Meglio lasciarli dire e fare finta di prenderli sul serio. Sono tutti così!" *a bit crazy / mad false*

1 **Il padre di Gertrude ha scoperto il biglietto che la figlia ha scritto al paggio: immagina le parole di Gertrude per giustificarsi e quelle del padre per rimproverarla.**

2 Completa la seguente tabella con gli aggettivi qualificativi di significato contrario.

bugi

Aggettivi	Contrari
sincero	poco sincero ~~falso~~
sereno	eccitabile turbato
modesto	arrogante
obbediente	disubbidiente
semplice	complicato
fiducioso	inaffidabile

trustworthy

sospettosa

diffidente

3 Cosa avrebbe potuto fare Gertrude per evitare di diventare monaca, come voleva suo padre? Prova a immaginare un diverso sviluppo della sua storia.

Non vedo un sviluppo realistico perche Gertrude e una donna giovane senza denaro. Un diverso sviluppo di fantasia e che un circo arriva nel Milano e Gertrude, con l'aiuto di suo fratello con il circo, sfugge da la sua dal palazzo. di famiglia e di Milano, come insegnante per i bambini e giovane delle famiglie del circo.

4 "La sventurata rispose." Immagina il seguito della vicenda scegliendo uno dei seguenti sviluppi. [1]

a. ☐ Gertrude si innamora di Egidio, lascia il monastero e lo sposa.

b. ☐ Gertrude parla amichevolmente con Egidio, anche se una religiosa non potrebbe farlo, fuori dal parlatorio.

c. ☑ Gertrude diventa l'amante di Egidio e continua a vederlo di nascosto, pur rimanendo nel monastero.

1. Se vuoi verificare la tua ipotesi, leggi il Capitolo 5.

Conventi e monasteri

Gli edifici dove vivevano i frati o le suore (conventi) e i monaci o le monache (monasteri) comprendevano:

- la chiesa,
- le celle individuali dei religiosi,
- il parlatorio per ricevere,
- il chiostro per passeggiare all'aperto,

- la sala delle riunioni,
- il refettorio per mangiare,
- l'infermeria per curare i religiosi malati,
- il cimitero per seppellire i morti.

San Benedetto e i suoi monaci nel refettorio (1497-98), Luca Signorelli. Abbazia Monte Oliveto, Siena.

CAPITOLO 4

Gli Spagnoli e la carestia a Milano

E il secondo anno di raccolto scarso, ma la popolazione di Milano non attribuisce la carestia a cause naturali, quanto al cattivo governo degli Spagnoli che nel 1628 (anno della nostra storia) hanno messo a capo della città il Gran Cancelliere Antonio Ferrer, in sostituzione del Governatore.

Per calmare gli animi, Ferrer decide di abbassare il prezzo del pane: la gente allora accorre ai forni, ma i fornai non sono disposti a lavorare senza guadagno e si rivolgono direttamente al Governatore Don Gonzalo Fernandez de Cordova. E così il Governatore rincara di nuovo il pane.

Il popolo allora si ribella e si riversa in città. Ad un certo

I Promessi Sposi

punto la folla si raduna davanti ad un forno e grida: "Pane! Pane! Aprite! Aprite!" Il capitano delle guardie cerca di calmarli, dicendo: "Andate a casa, figlioli!" finché una pietra lo colpisce in fronte. Questo fatto dà il via ad un lancio generale di pietre fra i padroni del forno e i popolani. Alla fine la folla sfonda la porta e tutti si gettano sulle casse del pane: è la rivolta.

Questa è la situazione, quando Renzo arriva nel centro di Milano da Porta Orientale e per caso passa proprio davanti a quel forno.

"Questa è bella! Se fanno così a tutti i forni, dove vogliono farlo il pane? Nei pozzi?" pensa fra sé Renzo, pieno di buon senso.

In un attimo si trova in mezzo alla folla ribelle: potrebbe allontanarsi, ma incuriosito rimane per saperne di più.

Ad un certo punto si sparge una notizia: stanno assaltando la casa del Vicario di Provvisione, l'alto funzionario che provvede al cibo per la città. Tutti corrono verso quel luogo e anche Renzo, vinto dalla curiosità, si unisce a loro.

Mentre la gente tenta l'assalto, in una carrozza appare Ferrer, quello che aveva messo il pane a buon mercato. [1] Renzo grida con gli altri: "Viva Ferrer!" e si fa largo fra la folla in rivolta per far passare la carrozza.

Perché Ferrer era lì? Per sedare il popolo [2] aveva promesso di portare in prigione il Vicario di Provvisione, che tutti consideravano il responsabile della carestia. Alla fine, infatti,

---

1. **a buon mercato** : a prezzo basso, economico.
2. **sedare il popolo** : calmare, accontentare, soddisfare le richieste dei rivoltosi.

Capitolo **4**

con grande difficoltà riesce a fare salire il Vicario in carrozza…
e a salvarlo dall'ira della folla.

A questo punto il popolo, soddisfatto, comincia a
disperdersi. Il sole è tramontato e molti tornano a casa. Anche
Renzo sente un gran bisogno di mangiare e comincia a cercare
l'insegna di un'osteria.

Camminando così con la testa in aria, si trova in mezzo a un
gruppo di persone e vuole dire anche lui le sue opinioni:
"Signori miei, il mio parere è questo: a farsi sentire si ottiene
quel che è giusto. Bisogna andare avanti così e si risolveranno
anche tanti altri problemi…"

Renzo parla tanto di cuore che altra gente si raccoglie
intorno a lui ad ascoltarlo.

"Chi di voi sa indicarmi un'osteria per mangiare un boccone
e dormire?" chiede alla fine Renzo ai suoi ascoltatori. E uno di
loro, che lo ha ascoltato attentamente, si offre di
accompagnarlo all'Osteria della Luna Piena.

I due entrano nell'osteria e Renzo ad alta voce chiede subito
un fiasco di vino buono. L'oste gli porta anche dello stufato.
Renzo mangia, beve e intanto racconta.

L'uomo che lo ha accompagnato si è seduto davanti a lui e
ascolta ogni sua parola. Alla fine dice all'oste: "Preparate un
buon letto per questo bravo giovane, che ha intenzione di
dormire qui." Ma intanto l'oste prepara anche carta e
calamaio[1] per chiedere nome e cognome del nuovo cliente.

"Cosa c'entra questo con il letto?" ribatte Renzo.

---

1. **calamaio** : piccolo vaso con l'inchiostro per scrivere.

I Promessi Sposi

"Io devo fare il mio dovere" risponde l'oste.

Renzo si oppone, con l'approvazione degli altri clienti dell'osteria, e ordina un altro fiasco di vino. Bicchiere dopo bicchiere, la discussione ritorna sul problema del pane.

"Ecco come farei io…" dice l'accompagnatore di Renzo. "Distribuirei tanto pane quante sono le bocche. Ognuno dovrebbe avere un biglietto con il suo nome; per esempio…

Qual è il vostro?"

"Lorenzo Tramaglino," risponde ingenuamente Renzo, che fino a quel momento aveva cercato di tenere nascosta la sua identità.

I clienti si divertono ad ascoltare e Renzo, ormai ubriaco, è diventato lo zimbello[1] del gruppo.

"Andiamo a letto, a letto!" dice l'oste a Renzo, trascinandolo per un braccio, finché, arrivato in camera, lo aiuta a spogliarsi. Il giovane cade immediatamente addormentato sul letto.

A questo punto il padrone dell'osteria, anche a notte inoltrata, deve andare a fare il suo dovere al Palazzo di Giustizia, portando i dati del nuovo cliente. Allo spuntare del giorno Renzo viene svegliato d'improvviso da un uomo vestito di nero e da due soldati.

"Lorenzo Tramaglino! Alzatevi e venite con noi!" ordina l'uomo.

"Co… cosa vuol dire questo?" balbetta Renzo e poi aggiunge: "Chi vi ha detto il mio nome?"

"Meno discorsi e fate presto!" e intanto i soldati legano i polsi a Renzo e lo portano fuori come un prigioniero.

1. **zimbello** : persona oggetto di scherzi da parte di altri.

"Portatemi da Ferrer!" dice Renzo. Poi comincia a gridare, facendo accorrere gente lungo la strada. "Mi portano in prigione, perché chiedevo pane e giustizia!" urla, mentre la folla, che è a suo favore, si avvicina minacciosa. I soldati, capito il pericolo, lasciano Renzo e scappano.

"Scappa, scappa!" gli gridano gli altri, ma Renzo non ha certo bisogno di questo consiglio! Dopo aver corso abbastanza, si rivolge a un signore e gli chiede: "Da che parte si va per andare a Bergamo?"

I Promessi Sposi

"Da Porta Orientale" risponde l'uomo. "E per andare a Porta Orientale?" prosegue Renzo.

"Prenda questa strada a sinistra: si troverà in Piazza del Duomo."

Così finalmente Renzo esce dalla città.

Cammina cammina, attraversa diversi villaggi, ma non domanda neppure il loro nome: l'importante è allontanarsi da Milano!

Arrivato ad un paesino di campagna, si ferma in un'osteria. Alcuni curiosi gli chiedono notizie su Milano, ma Renzo questa volta dice che non sa nulla, anzi si siede in silenzio lontano dagli altri. Poi domanda all'oste: "Quanto c'è da qui all'Adda?"[1] "Ci saranno sei miglia."[2] gli risponde.

Renzo paga il conto e si incammina verso il fiume.

Dopo un po' arriva dove finisce la campagna coltivata e comincia un terreno incolto; lo attraversa con difficoltà e finalmente sente un rumore d'acqua corrente: è l'Adda. Vede una capanna, entra dentro e si sdraia sulla paglia: ha proprio bisogno di una bella dormita! Ma appena chiude gli occhi, quante immagini affiorano[3] nella sua mente! Due sole non sono accompagnate dall'amarezza e dalla paura: una treccia nera (Lucia) e una barba bianca (Padre Cristoforo). Al mattino si alza e, con l'aiuto di un barcaiolo, attraversa il fiume.

"È Bergamo quel paese?" chiede Renzo.

"È terra di Venezia" risponde l'uomo.

---

1. Il fiume Adda segnava allora il confine fra lo Stato di Milano e quello di Venezia.
2. **miglio** : unità di misura riferita alle distanze, con valori diversi secondo i luoghi e i tempi (oggi in Italia si usa il chilometro).
3. **affiorare** : qui, tornare in mente.

Capitolo 4

Renzo si sente finalmente al sicuro e si incammina verso il paese dove abita suo cugino Bortolo. Ormai la brutta avventura è passata.

Ma spostiamoci sul lago di Como: quello stesso giorno arriva una lettera al Podestà[1] di Lecco con l'ordine di portare in prigione Lorenzo Tramaglino, filatore di seta, sfuggito alle forze dell'ordine a Milano.

Intanto Don Rodrigo viene a sapere che Lucia è in un monastero di Monza sotto la protezione di una gran signora, mentre il fatto che Renzo sia lontano e ricercato dai soldati infiamma ancora di più la sua passione per Lucia.

Nel frattempo la ragazza e sua madre stanno tranquille in convento: la 'signora' chiama spesso nel suo parlatorio privato Lucia e si meraviglia della sua ingenuità e della sua dolcezza.

I giorni passano monotoni ma senza preoccupazioni, finché le due donne vengono a sapere del tumulto di Milano e della fuga di Renzo.

Don Rodrigo, come abbiamo detto, è più deciso che mai ad avere Lucia. Perciò pensa di rivolgersi al tiranno dei tiranni, un uomo talmente potente e pericoloso che nessuno ha il coraggio di pronunciare il suo nome. Per questo chi vuole parlare di lui deve chiamarlo 'l'Innominato'. Questo signore vive in un castello al confine con il territorio di Bergamo e lì si dirige Don Rodrigo a cavallo con una piccola scorta di 'bravi' a piedi: il Griso al suo fianco, gli altri dietro.

1. **Podestà** : persona che anticamente amministrava la città (oggi sarebbe chiamato Sindaco).

Comprensione

1 **Perché Renzo viene arrestato? Scegli la risposta esatta.**

a. ☑ Perché hanno scoperto che era un oppositore di Don Rodrigo.

b. ☐ Perché non ha pagato il conto all'oste.

c. ☑ Perché non ha voluto dire il suo nome all'oste.

d. ☐ Perché l'uomo che lo ha accompagnato in realtà era una spia di Don Rodrigo.

e. ☐ Perché pensano che sia un rivoltoso.

riddle

2 **Ecco un indovinello: qual è quella cosa che più è calda, più è fresca? Se non lo sai, pensa che nei giorni della rivolta a Milano ne parlavano tutti.**

.... *il pane* ....

Grammatica

1 **Completa il testo inserendo le seguenti congiunzioni.**

so

perciò   e   ma

È il 1628. A Milano la gente è esasperata per la carestia, ...*perciò*...., quando il governo alza il prezzo del pane, si ribella, dà l'assalto ai forni ....*e*........ ruba tutto quello che trova.

rubare – to steal

Poi la folla si muove per assaltare il palazzo del funzionario spagnolo che ha rincarato il pane, ...*ma*........ una carrozza arriva appena in tempo per salvarlo.

rincarare – to increase the price of

Mettiamo in ordine i fatti

1 **Leggi le seguenti frasi e rimettile in ordine cronologico in modo da costruire un breve riassunto.**

a. 2 Renzo si trova coinvolto nella rivolta e aiuta la carrozza del Gran Cancelliere Ferrer a passare fra la folla.

b. 5 L'oste va a denunciare Renzo al Palazzo di Giustizia e la mattina dopo Renzo viene arrestato nella sua camera.

c. 1 La folla assalta un forno nel centro di Milano.

d. 6 La folla aiuta Renzo a scappare dai soldati che lo stanno portando al Palazzo di Giustizia.

e. 3 Renzo arriva all'Osteria della Luna Piena insieme ad un uomo incontrato per strada.

f. 7 Renzo attraversa la campagna, si ferma in un'osteria, arriva al fiume Adda e dorme in una capanna.

g. 4 Renzo discute animatamente con la gente dell'osteria, poi va a dormire.

h. 9 Don Rodrigo decide di chiedere aiuto all'Innominato per riuscire ad avere Lucia.

i. 8 Renzo attraversa l'Adda e raggiunge Bergamo e la casa del cugino Bortolo.

Che ne pensi?

1 **Renzo ti è simpatico? O ci sono dei lati del suo carattere che non approvi? Definisci la sua personalità portando degli esempi del suo comportamento.**

Si, è simpatico perche a un carattere onesto
e sincero, senza ipocrisia, e sostiene la lotta
dei poveri per poter e giustizia. Comunque, qualche
volta si comporta impetuosamente, senza pensare delle
conseguenze, specialmente quando beve molto - troppo

2 **Usa le informazioni ricavate dal Capitolo 4 e scrivi un possibile discorso in cui Renzo, a un tavolo dell'Osteria della Luna Piena**

- fa un brindisi alla salute dell'oste e degli altri clienti,

- esprime le sue opinioni sulla rivolta,

- invita gli altri a bere con lui.

Milano nel Seicento

el Seicento Milano visse un periodo di profonda crisi economica e politica causata dal dominio degli Spagnoli e dalla guerra fra Spagna e Francia, che si contendevano il predominio in Italia, in particolare nel Ducato di Mantova e del Monferrato (a est e a ovest della Lombardia).

In quell'epoca i *nobili* avevano grandi poteri nella società: svolgevano attività pubbliche (es. notai, avvocati), si occupavano di beneficenza, curavano i loro possedimenti in campagna e, spesso, con il loro seguito di 'bravi', esercitavano prepotenze sulla gente umile.

I *mercanti* di oro, argento, seta e lana erano sempre stati la fonte della ricchezza dello Stato di Milano, ma nel Seicento avevano perso

Piazza del Duomo con scene carnevalesche (seconda metà del XVII secolo), anonimo pittore lombardo.

importanza istituzionale e cercavano di riacquistarla comprando dai nobili, oltre ai terreni, i titoli nobiliari. *apart from*

spinning

Gli *operai* dei dintorni di Milano lavoravano soprattutto nelle filande di seta e lana, ma a causa della crisi economica, molte di queste fabbriche avevano dovuto chiudere e molti di loro si erano trovati senza lavoro. Quelli che riuscivano a sopravvivere con difficoltà erano chiamati *poveri*, altri vivevano di elemosina e erano detti *mendicanti*.

I *soldati* furono una presenza costante a Milano per tutto il secolo: infatti la Lombardia era in una posizione strategica, a metà strada fra la Spagna e le Fiandre (l'attuale Olanda), e a quel tempo era anch'essa sotto il dominio spagnolo. Per circa 150 anni (dal 1550 al 1700) la popolazione locale fu costretta a pagare per il mantenimento dell'esercito spagnolo e a subirne i soprusi.

undergo/suffer   *sopruso – abuse of power*

Museo di Milano, Milano.

Milano oggi

Milano, che nel Seicento era arrivata a un massimo di 250 000 abitanti, oggi ne ha circa 4 milioni ed è una città vitalissima, cuore dell'Italia economica.

Fra i suoi monumenti più importanti ricordiamo:

- il **Duomo**, costruito fra il 1366 e il 1485, la più grande cattedrale gotica italiana;

- il **Castello Sforzesco**, eretto da Galeazzo II Visconti nel 1368 a scopo difensivo;

opera

– il famosissimo
teatro lirico
settecentesco
della **Scala**;

– la **Galleria Vittorio
Emanuele II** (costruita
nel 1878) che collega *link*
Piazza del Duomo a
Piazza della Scala ed è
il centro della Milano
elegante.

1 Questa "galleria" di foto ti ha permesso di vedere solo alcuni dei
luoghi più belli e suggestivi di Milano.
Vuoi saperne di più? Internet ti può aiutare!
Vai sul motore di ricerca www.libero.it e inserisci la voce "Milano",
ogni tua curiosità sarà soddisfatta!

La tavola nel Seicento

Quali erano i cibi più usati a Milano nel Seicento?

A Milano, al tempo degli Spagnoli, il cibo più importante, soprattutto per i poveri, era il pane, che costituiva quasi l'unico alimento, insieme ad una minestra di verdura una volta al giorno. Altrimenti si mangiava la polenta, fatta con farina di granturco bollita nell'acqua o nel latte.

Mangiatore di Fagioli (fine del XVI secolo), Annibale Carracci.
Galleria Colonna, Roma.

L'altro elemento fondamentale era il vino, che non era considerato come oggi una bevanda, ma un prodotto quasi indispensabile per vivere (lo davano anche ai malati e ai bambini!).

Il riso costava più del grano e per questo era meno presente sulla tavola dei poveri e anche la pasta non si usava tanto quanto nell'Italia del sud e in Sicilia: già allora si parlava infatti di 'maccheroni siciliani'.

Chi poteva mangiava anche pesce (di fiume e di lago) e carne (soprattutto di maiale, ma anche di manzo, agnello, pollo, cappone, anatra e perfino pavone).

Quali grassi si usavano per cucinare?

In cucina era presente soprattutto il burro, raramente l'olio.

Qual era il piatto tipico milanese di quel tempo?

Era il 'cervellato', un tipo di salame fatto con carne di maiale e spezie.

Esistevano i ristoranti?

Certo, ma si chiamavano 'osterie' o 'taverne' e servivano soprattutto vino e altre cose da mangiare. Non erano certo locali molto eleganti e spesso la gente umile che ci andava finiva per spendere in un'ora il guadagno di un'intera settimana di lavoro. I ricchi, invece, mangiavano di solito nel loro palazzo, poiché avevano al loro servizio un buon numero di cuochi e servitori.

1 Indica con una X se le seguenti affermazioni sono vere (V) o false (F).

Nel Seicento a Milano...

	V	F
a. i poveri potevano mangiare solo il pane.	☐	☑
b. gli alimenti più diffusi erano il pane e il vino.	☑	☐
c. il piatto più famoso era a base di riso.	☐	☑
d. la pasta era conosciuta, ma meno popolare che nell'Italia del sud.	☑	☐
e. l'olio di oliva era poco usato in cucina.	☑	☐
f. solo i ricchi potevano permettersi di mangiare fuori casa.	☐	☑

2 Quale fra i seguenti animali non si trova comunemente oggi sulla tavola degli italiani? È un animale a due zampe, ha una bellissima coda di piume colorate e un'orribile voce.

☐ maiale ☐ manzo ☐ agnello ☐ pollo

☐ cappone ☐ anatra ☑ pavone ☐ vitello

3 Collega ciascun piatto alla relativa zona d'origine e scoprirai due piatti tipici della cucina milanese.

RISOTTO ·   · alla bolognese

PIZZA ·   · alla milanese

LASAGNE ·   · alla fiorentina

BISTECCA ·   · alla milanese

COTOLETTA ·   · alla napoletana

4 **Leggi il seguente testo sulla dieta dei monaci benedettini nel XII secolo (non troppo diversa, probabilmente, da quella dei secoli successivi fino al Seicento) e rispondi alle domande.**

Nei conventi medioevali mangiavano quasi meglio di noi. Il segreto? I vegetali

Il monaco benedettino – XII sec. d.C.
Anche cinque uova in 24 ore

[handwritten: fava – broad bean]

Il primo pasto comprendeva due piatti, uno di fave o piselli (bolliti e conditi con un po' di lardo), e uno di cavolo o lattughe o insalate varie. A questo menù, tre volte la settimana, si aggiungevano cinque uova fritte e, ogni tanto, una porzione di formaggio cotto. Gli altri giorni, invece, una pietanza fatta di 250 grammi di formaggio molle e due uova. Ogni giorno, poi, a ciascun monaco veniva distribuita una razione di pane di 500 grammi e 30 centilitri di vino. Il pasto della sera comprendeva pane con frutta cruda di stagione (pere, mele, nespole, ciliegie, fragole, fichi, prugne, castagne, uva).

[handwritten: cabbage / lattuga lettuce / dish / meal / apples medlar cillegla – cherry / chestnut / condurre – to conduct]

Il giudizio del dietologo
Più sensati di noi in fatto di colesterolo

La longevità dei monaci rispetto al resto della popolazione era leggendaria. La loro dieta dimostra quanto siano mal condotte alcune campagne che demonizzano il lardo e le uova: poco di tutto e molti legumi migliorano l'utilizzo di grassi e colesterolo.

[handwritten: value, good point / evening]

È un'alimentazione quasi vegetariana, con un altro pregio: un pasto serale molto frugale. Poco vino: bravi i benedettini, con buona pace del colesterolo delle uova! Non dimentichiamo, però, che la Regola imponeva un costante esercizio fisico.

da "Focus"

[handwritten: absent]

a. Quali fra questi prodotti erano assenti dalla loro tavola? Sottolineali.

> verdura   carne   uova   pesce   miele
>
> latte   pane   frutta   vino

b. I monaci mangiavano di più   ☑ a pranzo   ☐ a cena

c. I monaci benedettini vivevano a lungo, perché... *[handwritten: mangiavano una dieta molto sana di frutta, verdura, pane, uova, formaggio, pane e vino, legumi]*

d. Secondo te, quale dieta è la migliore dal punto di vista della salute?

[handwritten: secondo me, la dieta vegetariana, incluso uova e formaggio e un po di pesce e la migliore per la salute]

C'è un tavolo lungo con una tovaglia. Ci sono cinque persone nobili, ricchi, che mangano un pasta dai piatti con coltelli e forchette. Il vino è nelli bicchieri. C'è pollo, frutta anche una minestra di verdura.

⑤ Osserva le seguenti situazioni ambientate nel Seicento: quali differenze noti? tureen? Il pasto è cotto per i cuochi e i senatori portano il cibo al tavolo

C'è una famiglia umile. Il suo tavolo è abbastanza semplice senza tovaglia. Mangano con cucchiai di legno. Ci sono piatti e bicchieri della argilla o forse anche di legno. La madre, o otra donna della famiglia cu cucina il pasto. Il pasto è molto semplice - pane e una minestra di verdura

L'Innominato
e il rapimento di Lucia

 l castello dell'Innominato si trova su una collina che domina una valle. Tutto intorno ci sono monti, boschi, precipizi. È qui che arriva Don Rodrigo in compagnia dei suoi 'bravi'.

L'Innominato, un uomo alto, quasi calvo e con la faccia rugosa, acconsente alla richiesta di aiuto di Don Rodrigo: rapire una semplice ragazza del popolo non gli sembra un'impresa difficile, soprattutto potendo contare sull'aiuto di un giovane senza scrupoli che vive vicino al convento di Monza: Egidio.

Vi ricordate del giovane che insistentemente aveva guardato e parlato alla giovane monaca Gertrude, tanto da farla innamorare di sé? Bene, è proprio lui. Ma Gertrude acconsentirà a far rapire Lucia? In un primo momento la proposta le appare spaventosa,

I Promessi Sposi

ma alla fine le insistenze del suo amante la convincono. Per attuare il piano, Gertrude chiede a Lucia di andare al convento dei frati cappuccini: la ragazza, anche se è spaventata all'idea di uscire da sola, non può rifiutarsi. Mentre cammina per strada con gli occhi bassi, vede una carrozza ferma, con due viaggiatori davanti allo sportello aperto.

"Mi sa dire qual è la strada per Monza?" le chiede uno dei due.

"Avete sbagliato, Monza è di qua…" risponde Lucia, ma mentre si volta per indicare la direzione, l'altro la prende per la vita e la fa salire di forza in carrozza: lei urla e si divincola, ma un altro 'bravo' le mette un fazzoletto sulla bocca e le soffoca il grido in gola. [1]

La carrozza entra nel bosco a gran velocità. Lucia sviene, poi riapre gli occhi: "Lasciatemi andare! Chi siete voi? Dove mi portate?"

"Dove ci hanno ordinato!" risponde uno dei 'bravi'. Lucia allora cerca di aprire d'improvviso lo sportello, ma la trattengono e allora non le resta altro che pregare.

Intanto l'Innominato l'aspetta, ma con un'inquietudine insolita per lui. Fa chiamare una vecchia serva e le ordina di andare incontro a Lucia e di farle coraggio. "Ho sbagliato a impegnarmi" pensa fra sé. Anche il capo dei 'bravi' gli rivela che ha provato compassione [2] per quella ragazza.

L'Innominato, turbato, decide di incontrarla di persona.

La trova rannicchiata in terra in una stanza del castello, chiusa a chiave. "Alzatevi, non voglio farvi del male!" le dice. Allora Lucia si inginocchia davanti a lui e si sfoga: "Perché mi

1. **soffocare il grido in gola** : impedire di gridare.
2. **compassione** : sentimento di partecipazione del dolore di un altro.

I Promessi Sposi

fa patire le pene dell'inferno? Cosa le ho fatto io? In nome di Dio..."

"Dio, Dio, sempre Dio..." la interrompe l'Innominato.

"Vedo che Lei ha buon cuore, mi liberi!"

"Domattina..." risponde il signore.

La notte Lucia non riesce a dormire: ripensa ai fatti passati ed è terrorizzata da quello che potrà succederle. Agitata ed angosciata, si inginocchia e prega la Madonna: "O Vergine santissima! Fatemi uscire salva da questo pericolo! Fatemi tornare salva da mia madre e faccio voto [1] di rinunciare per sempre al mio promesso sposo!"

Questa decisione la fa sentire più tranquilla e fiduciosa; finalmente si addormenta.

Ma c'è qualcun altro in quello stesso castello che non può dormire: è l'Innominato, che rivede tutti gli orrori della sua vita e ne è pentito. Perché è avvenuto in lui questo cambiamento? L'immagine di Lucia ritorna insistente nella sua mente. "Lei è ancora viva... posso aiutarla... posso chiederle perdono.

Chiederle perdono? Io? A una donna? Eppure... se questo mi potesse liberare dai tormenti..." L'Innominato non trova pace, finché decide di liberarla.

La mattina il suono delle campane a festa sveglia l'Innominato da un sonno agitato. Gli dicono che è arrivato il Cardinale Federigo Borromeo, arcivescovo di Milano. "Cos'ha quell'uomo per rendere tanto allegra la gente?" si chiede l'Innominato; decide di andare a incontrarlo, ma prima vuole

---

1. **fare voto** : promettere solennemente a Dio.

Capitolo 5

passare dalla stanza di Lucia. Vede che dorme e ne è contento. Si incammina così senza scorta verso il paese, per incontrare l'alto sacerdote.

Il Cardinale aspetta di entrare in chiesa per celebrare la Messa, quando gli annunciano una strana visita: "Monsignore illustrissimo, c'è niente meno che il signor..."

"Lui?" esclama Federigo Borromeo. "Venga! Venga subito!"

Appena introdotto l'Innominato, il Cardinale gli va incontro con volto sereno e gli dice: "Mi lasci stringere la

I Promessi Sposi

mano che riparerà tanti torti, che spargerà tante beneficenze e che solleverà tanti afflitti!"

"Dio veramente grande..." esclama l'Innominato, liberandosi da quell'abbraccio.

"Dio vuol farvi diventare strumento di salvezza per chi volevate rovinare!" continua il sacerdote.

E l'Innominato gli parla subito di Lucia.

A questo punto il Cardinale chiede se tra i parroci radunati ci sia per caso anche quello del paese di Lucia. C'è: lo chiama e gli dà l'incarico di andare con l'Innominato a prendere Lucia.

Sembra semplice, ma per il carattere di Don Abbondio un viaggio in carrozza con i 'bravi' è un'esperienza terribile. Finalmente arriva al castello, e ora è Lucia che non crede ai suoi occhi: "Lei? È Lei? Il signor curato? Dove siamo?... Oh povera me! Non capisco più niente!"

"No, no," risponde Don Abbondio "Coraggio, sono proprio io e sono venuto qui apposta per portarvi via!"

In quel momento appare anche l'Innominato e Lucia non può nascondere la sua paura. Ma la donna, che era venuta al castello insieme al curato per fare compagnia a Lucia nel viaggio di ritorno, le dice: "Viene a liberarvi! Non è più quello di prima, è diventato buono!"

In carrozza la buona donna informa Lucia che stanno andando verso un paese vicino al suo. Allora la ragazza pensa subito a sua madre. "La manderemo a cercare" l'assicura la donna.

Dopo un viaggio in mezzo ai monti e ai dirupi, si arriva in paese. Un chiasso di voci allegre accoglie la carrozza: è la

famiglia del sarto del villaggio che ospiterà Lucia per qualche giorno.

"Benvenuta nella nostra casa!" dicono a Lucia il sarto e la moglie, la fanno sedere a tavola e cercano di confortarla, facendola mangiare e distraendola dai suoi pensieri con altri racconti.

tailor/ dressmaker

Finalmente anche Agnese arriva a casa del <u>sarto</u>: madre e figlia si ritrovano fra baci, abbracci e pianti.

Il giorno successivo, nel paese di Lucia e in tutto il territorio di Lecco non si parla che di lei e della sua storia.

I Promessi Sposi

Intanto il Cardinale sta visitando, una al giorno, tutte le parrocchie della zona. Viene anche in quella di Don Abbondio e lo rimprovera, perché non ha unito in matrimonio i due giovani al momento giusto. Ormai è chiaro che Lucia non può tornare a casa sua: "Penserò io a metterla al sicuro" dice il Cardinale.

Poco lontano dal paese del sarto c'è la villa di una coppia di anziani benestanti,[1] Don Ferrante e Donna Prassede: lui sempre chiuso nella sua biblioteca a leggere, lei sempre impegnata a fare opere di bene. È lì che Lucia viene accolta.

Agnese va spesso a trovare Lucia in casa di Donna Prassede. Un giorno le annuncia che l'Innominato le ha mandato 100 scudi d'oro come dote per il matrimonio. Lucia, però, non accoglie con gioia questa notizia.

"Ma cos'hai?" le chiede Agnese.

"Povera mamma!" esclama Lucia abbracciandola "Non posso più essere la moglie di Renzo!"

"Come? Come?" chiede Agnese sbalordita.

A questo punto Lucia deve rivelarle il voto che ha fatto alla Madonna nella terribile notte al castello dell'Innominato.

"E Renzo?" chiede Agnese.

"Non devo pensare più a lui, ma so quanti guai ha passato per colpa mia, povero Renzo! Mandiamogli questi denari, ne ha certo più bisogno di noi!"

---

1. **benestante** : ricco.

Comprensione

A **Rispondi alle seguenti domande, mettendo nell'ordine giusto le espressioni date.** *unvolved*

1. Quali persone sono coinvolte via via nel rapimento di Lucia?

    a. ☑ Gertrude

    b. ☐ i due 'bravi' nella carrozza

    c. ☑ l'Innominato

    d. ☑ Egidio

    e. ☐ Don Rodrigo

2. Quali pensieri passano nella mente di Lucia nella notte al castello?

    a. ☑ paura

    b. ☑ decisione di fare un voto alla Madonna

    c. ☐ serenità nella preghiera

3. Quali sentimenti turbano l'animo dell'Innominato quella stessa notte?

    a. ☑ pentimento per il suo passato comportamento

    b. ☐ strana e insolita inquietudine

    c. ☐ desiderio di cambiare vita

    d. ☑ compassione per la ragazza

    e. ☐ dispiacere per essersi impegnato con Don Rodrigo per rapire Lucia

4. Quali azioni compie il Cardinale il giorno dopo?

    a. ☐ va a trovare Don Abbondio al suo paese.

    b. ☑ accetta subito di incontrare l'Innominato che vuole parlare con lui.

    c. ☐ trova una sistemazione definitiva per Lucia.

    d. ☑ chiama Don Abbondio e gli ordina di andare a prendere Lucia al castello.

2 Nel capitolo 5 hai trovato alcune parole quali VITA, VOTO, DOTE, SCUDO, che possono assumere due o più significati diversi, ma si scrivono e si pronunciano allo stesso modo. Si chiamano omonimi. Trova, con l'aiuto del dizionario, i vari significati.

Vita ...... *life* ...... *vita – anatomical – waist*

Vita ...... *durata della vita – lifetime* ......

Voto ...... *fare voto – promettere a fare voan* ......

Voto ...... *vote – sch. mark* ......

Dote ...... *dowry* ......

Dote ...... *gift* ......

Scudo ......

Scudo ...... *shield* ......

Grammatica

1 **Sostituisci con un pronome personale le parti sottolineate e trascrivile, come nell'esempio.**

1. La proposta appare spaventosa a <u>Gertrude</u>.

   La proposta le appare spaventosa.

2. Don Rodrigo chiede <u>all'Innominato</u> di rapire Lucia.

   D.R. gli chiede di rapir,mua

3. L'Innominato decide di incontrare <u>Lucia</u>.

   " " " Incontrarla.

4. Lucia si rivolge alla Madonna e prega <u>la Madonna</u> di salvarla.

   Lucia rivolge alla Madon e le prega di salvarla

5. Il Cardinale rimprovera Don Abbondio di non avere sposato <u>Renzo e Lucia</u>.

   non gli avere sposato

Mettiamo in ordine i fatti

1 Ti proponiamo un breve riassunto del Capitolo 5. Prova a riempire gli spazi bianchi con le parole elencate qui sotto. Attento, però, non sono nell'ordine giusto.

> città monastero Don Ferrante e Donna Prassede castello
> pregare sarto Innominato Don Abbondio carrozza

"Don Rodrigo va al castello dell' _Innominato_ per chiedergli di rapire Lucia. Egli accetta e si avvale dell'aiuto di Egidio che convince la monaca di Monza a far uscire Lucia dal _monastero_.... . Fuori l'attendono due 'bravi' dell'Innominato che rapiscono Lucia e con una _carozza_.... la portano al suo castello.

Qui la giovane, chiusa in una stanza, incontra il padrone di casa, poi passa la notte a _pregare_....., e, se si salverà, fa voto di non sposare Renzo. L'indomani l'Innominato incontra il Cardinale Borromeo, che è appena giunto in ....._città_......, subito gli parla di Lucia e l'alto prelato chiede se tra i parroci lì radunati ci sia per caso _don Abbondio_.. Quest'ultimo viene inviato a prendere Lucia al ...._castello_... Finalmente libera, la ragazza viene prima accolta dalla famiglia di un ..._sarto_......... che abita vicino al suo paese, successivamente il Cardinale le trova un rifugio sicuro nella casa di due ricchi coniugi ..._Don Ferrante e Donna Prassede_

> colpire, to hit
> strike

2 Ti è simpatica Lucia? Quali aspetti del suo carattere ti hanno colpito? Approvi la sua decisione di fare voto alla Madonna? Perché?

Sì mi è simpatica Lucia. Penso che è coraggiosa. Prova a. Quando i due bravi la rapono, lei urla e si divincola, e pur tando cerca di aprire lo sportello della carozza. Ama molto sua madre e sempre pensa di lui. Non approvo la sua decisione di su voto perche amare Renzo non è un peccato.

**Il Cardinal Federigo
Borromeo** (XIX secolo),
Nicola Cianfanelli.
Palazzina della Meridiana, Fir[

La vita del cardinale
Federigo Borromeo

Federigo Borromeo (Milano 1564-1631) è un personaggio
realmente esistito: fu consacrato sacerdote da suo cugino
Carlo Borromeo, che già allora era considerato santo e che
fu per lui un modello di vita. Nel 1595 divenne arcivescovo di
Milano e si dedicò a proteggere i poveri e a realizzare altre opere di
beneficenza. Il suo obiettivo principale fu quello di ridare una
disciplina morale alla società cattolica del tempo, promuovendo la
diffusione delle 'confraternite', associazioni di persone che
difendevano i principi cattolici nella società.

commitment
engagement/care

Come suo cugino San Carlo Borromeo, Federigo si dedicò con grande impegno alla lotta contro le eresie e all'applicazione della 'Controriforma' (cioè la riforma della Chiesa Cattolica realizzata alla fine del Cinquecento, in reazione alla 'Riforma' della Chiesa Protestante).

Grande amante della cultura, fondò la Biblioteca Ambrosiana, aperta al pubblico nel 1609.

L'organizzazione della Chiesa Cattolica

Ecco come è organizzato il clero, cioè l'insieme dei membri della chiesa cattolica che hanno il compito di governare spiritualmente i fedeli:

Dio

Papa

Cardinali

Arcivescovi

Vescovi

Frati / Suore   Monaci / Monache   Preti   Curati   Parroci

popolo dei fedeli cattolici

Ricostruisci alcune date importanti della biografia di Federigo Borromeo, completando queste frasi in base al testo che hai letto.

Nel 1564 ...è nato... *nascere* ...nacque Federigo Borromeo

....

Nel 1595 ...divenne arcivescovo di Milano e si dedicò a proteggere i poveri...............

Nel 1609 ...fondò la Biblioteca Ambrosiana.............

....

Nel 1631 ...è morto or morì *a* nel Milano.............

....

 Scrivi in ogni riga, contraddistinta da una lettera, le parole che corrispondono alle definizioni: nelle caselle colorate si formerà il nome del capo della Chiesa cattolica.

a. Sacerdote a capo di una parrocchia.

b. Edificio che ospita una comunità di monaci o monache.

c. Sacerdote che si dedica alla diffusione della religione cattolica.

d. Alto sacerdote, più importante di un vescovo, meno di un cardinale.

La guerra,
la miseria, la peste

iamo nell'autunno 1629, quasi un anno dopo la separazione forzata dei due giovani: cosa è successo nel frattempo?

Renzo è stato nascosto dal cugino Bortolo nei pressi di Bergamo, mentre Lucia è rimasta in casa di Donna Prassede.

Intanto a Milano, dopo la ribellione del popolo, in cui è stato coinvolto anche Renzo, l'abbondanza sembra ritornata, ma solo per breve tempo. La carestia ormai è alle porte: le botteghe sono quasi tutte chiuse, le strade piene di poveri e mendicanti, e perfino i 'bravi', licenziati dai loro padroni, girano per la città chiedendo l'elemosina. Il giorno si sentono solo voci che supplicano, la notte solo pianti e gemiti.

I Promessi Sposi

All'arrivo dell'inverno fra il 1628 e il 1629 gli abitanti di Milano muoiono come mosche [1] e si teme un'epidemia. Per questo il Tribunale della Sanità ha deciso di raccogliere i mendicanti in ospizi. Il più grande è il 'lazzaretto', subito fuori Porta Orientale, dove in pochi giorni vengono accolti più di tremila poveri. Qui le condizioni di vita sono terribili: si dorme ammassati a venti, a trenta per ogni stanza. Il pane è cattivo, l'acqua scarsa. A tutto questo si aggiunge la stagione cattiva: piogge ostinate in primavera, poi siccità e caldo violento.

Intanto molte cose importanti sono accadute a livello politico: la Francia ha deciso di aiutare il duca di Nevers nella lotta di successione per Mantova, visto che Ferdinando Gonzaga è senza eredi. Addirittura il re Luigi XIII, con il cardinale Richelieu, si è mosso con un esercito verso questa città dell'Italia nord-orientale per sostenerlo. Ferdinando Gonzaga, allora, appoggiato dall'esercito tedesco, avanza con i suoi soldati contro di loro. Nel mezzo c'è il ducato di Milano e il passaggio di questi eserciti appare molto pericoloso, soprattutto perché si dice che l'esercito tedesco porti la peste. [2]

Nel settembre 1629 i soldati entrano nel ducato di Milano. Gran parte degli abitanti, spaventati, si rifugia sui monti, passando anche attraverso il paese di Don Abbondio.

"Oh, povero me!" esclama il prete, che è fra i più spaventati alla notizia dell'arrivo dei soldati stranieri.

"Che gente! Ognuno pensa a sé e a me nessuno vuol pensare!" E, rivolgendosi a Perpetua: "Come faremo con i denari?"

1. **morire come mosche** : morire in molti.
2. **peste** : terribile malattia infettiva spesso mortale.

Capitolo **6**

"Li dia a me, che andrò a sotterrarli qui nell'orto di casa con le posate!"

"Ma dove andiamo?" chiede preoccupato Don Abbondio.

"Dove vanno tutti gli altri" risponde Perpetua.

In quel momento entra Agnese, con l'aria di chi viene a fare una proposta importante.

"Perché non chiedere all'Innominato ospitalità nel suo castello?"

Perpetua approva, il prete è ancora dubbioso, ma alla fine prende il breviario,[1] il cappello e il bastone e tutti e tre si incamminano per i campi.

Dopo essere rimasti circa un mese al sicuro nel castello dell'Innominato, in attesa del passaggio dell'esercito, finalmente Don Abbondio e le due donne rientrano al loro paese.

Ecco cosa vedono durante il viaggio di ritorno: vigne spogliate, rami a terra, pali strappati, cancelli portati via, per non parlare del disordine e della sporcizia che trovano nelle loro case. "Porci!" esclama Perpetua, mentre ripulisce il pavimento dalle porcherie lasciate dai soldati. E non hanno lasciato solo quello.

Siamo ora nei primi mesi del 1630. La peste, che il Tribunale della Sanità aveva temuto che potesse entrare a Milano al passaggio dei soldati tedeschi, è entrata davvero: per tutta la striscia del territorio percorsa dall'esercito si trovano cadaveri. E ben presto anche la gente del posto si ammala. Nei primi tempi sono contagiati soprattutto i poveri, poi comincia

---

1. **breviario** : libro di preghiere.

I Promessi Sposi

a colpire anche i ricchi. C'è chi pensa che qualcuno abbia interesse a diffondere l'epidemia: tutti sospettano di tutti. Si parla di uomini visti in Duomo ungere una panca e la gente subito pensa che si tratti di un veleno.

Alla fine del mese di marzo le morti si moltiplicano. Appena si scopre un morto di peste, si manda tutta la famiglia al lazzaretto. I sintomi ormai sono noti a tutti: spasimi, delirio, lividi e bubboni.[1] Nel luglio 1630 la popolazione della città è ridotta da 250 000 a 64 000 persone, mentre nel lazzaretto aumenta di giorno in giorno, tanto da arrivare fino a 16 000 unità.

I più spregiudicati,[2] risparmiati dalla peste, hanno trovato una nuova attività, quella di 'monatti'. Si tratta di trasportare i cadaveri alla fossa comune, ma non solo: possono entrare da padroni in ogni casa, rubando e minacciando i sani di contagiarli.

Una notte, verso la fine d'agosto, proprio nel colmo della peste, Don Rodrigo torna a casa accompagnato dal Griso, l'unico che gli è rimasto accanto fra tutti i 'bravi'.

Camminando sente un malessere, una stanchezza che vorrebbe attribuire solo al vino e al caldo della stagione.

"Sto bene, vedi" dice Don Rodrigo, rivolgendosi al Griso.

"Scherzi della vernaccia,"[3] risponde l'altro tenendosi lontano "Vada a letto subito!"

"Hai ragione," aggiunge Don Rodrigo " ... se posso dormire!"

1. **bubbone** : grosso gonfiore sotto la pelle che può aprirsi e diventare infetto.
2. **spregiudicato** : persona senza scrupoli.
3. **vernaccia** : tipo di vino bianco.

I Promessi Sposi

Il Griso prende il lume e, augurata la buonanotte al padrone, se ne va in fretta. Il terrore della morte invade Don Rodrigo e, soprattutto, la paura di essere preso dai monatti e portato al lazzaretto.

In preda al panico e bagnato di sudore Don Rodrigo chiama il Griso: "Griso! Sei sempre stato il più fedele fra i miei servi. Se guarisco, ti farò del bene, ancora di più di quello che ti ho fatto in passato. Fammi un piacere."

"Comandi!" risponde il servo.

"Sai dove sta il chirurgo di nome Chiodo? È uno che tiene segreti gli ammalati, se lo paghi bene."

"Lo so benissimo, vado e torno subito."

Don Rodrigo, tornato sotto le coperte, lo accompagna con l'immaginazione alla casa del Chiodo. Calcola il tempo. Improvvisamente sente uno stropiccio[1] di piedi e un orrendo sospetto gli passa per la mente. "Ah, traditore infame!" grida, e cerca la pistola. Ma i monatti gli saltano addosso e insieme al Griso rubano tutti i suoi averi. Poi uno lo prende per i piedi, l'altro per le spalle e lo posano su una barella.

Renzo, che ha lavorato finora in un filatoio del bergamasco sotto il falso nome di Antonio Rivolta, dopo aver preso anche lui la peste e esserne guarito curandosi da solo, decide di tornare a casa.

"Vai, e che il Cielo ti benedica!" gli dice il cugino Bortolo, che lo ha ospitato in tutto quel periodo.

Sulla strada verso casa Renzo incontra ombre vaganti o cadaveri portati alla fossa. A sera arriva al suo paese ed ecco

---

1. **stropiccio** : rumore di qualcosa che si muove strusciando contro un'altra.

uscire da dietro una casa una cosa nera che riconosce come Don Abbondio. "È lui!" pensa.

"Sei qui tu?" esclama il prete. "Sono qui. Si sa niente di Lucia?" "Che volete che se ne sappia: è a Milano, se è ancora in questo mondo!"

"E Agnese è viva?" "Ma chi volete che lo sappia! È andata a starsene in montagna, dai suoi parenti."

"E Padre Cristoforo?"

"Non se n'è più sentito parlare. Ma tu che cosa vieni a fare da queste parti?" gli chiede Don Abbondio.

"Sono voluto venire a vedere i fatti miei."

"Cosa vuoi vedere? Non hai paura che ti portino in prigione?"

"A quello non ci penso" dichiara Renzo; quindi aggiunge: "E lui è ancora vivo?"

"Ti dico che non c'è nessuno! Possibile che tu abbia addosso tanto fuoco, dopo tutto quello che è successo?"

"C'è o non c'è?" chiede insistentemente Renzo.

"Non c'è, ma la peste, figliolo... Io l'ho scampata e ringrazio il Cielo! E tu non andare a cercare altri guai..."

"Mi dica, ne sono morti molti qui?"

"Eh, a cominciare da Perpetua... Se quelli che restano non mettono giudizio, questa volta non c'è che la fine del mondo!"

Proseguendo per la sua strada, Renzo passa davanti alla sua vigna e si rende conto in che stato è ridotta. Poco lontano c'è la sua casa. Attraversa l'orto camminando fino a mezza gamba fra le erbacce. Entra in una delle due stanze al piano terra: il

I Promessi Sposi

sudiciume copre tutto il pavimento. È ancora il letto dei
Lanzichenecchi![1]

Per quella notte Renzo viene accolto da un vicino di casa.

A tavola, davanti a una polenta fumante, Renzo gli racconta
tutte le sue vicende.

Il mattino dopo è già pronto per ripartire: va a Milano, alla
ricerca di Lucia, ma quando si tratta di riposarsi, si ferma in
alcune cascine in mezzo ai campi, perché ormai di osterie non
ne vuole più sapere.

Arrivato a Milano, Renzo entra da Porta Nuova nella parte
più desolata della città: sente un rumore di ruote e di cavalli,
un tintinnio di campanelli accompagnato da urla. È un carro
usato per trasportare i morti; e dopo quello un altro e un altro
e un altro ancora. Renzo va dalla parte opposta, ma trova uno
spettacolo ancora più orribile: morti stesi per la strada, malati
che si trascinano qua e là. Allunga il passo cercando di non
guardare, ma è colpito da una scena particolarmente pietosa.
Appare sulla porta di una di quelle case una donna, giovane e
di una bellezza non ancora del tutto alterata. Porta in braccio
una bambina di forse nove anni, morta. Un monatto va per
levargliela dalle braccia.

"No, non me la toccate per ora. Devo metterla io su quel
carro. Prendete!" e dà al monatto una borsa con i denari. Poi
aggiunge: "Addio, Cecilia! Riposa in pace! Stasera verremo
anche noi, per restare sempre insieme." E poi, rivolta di
nuovo al monatto: "Questa sera passerete a prendere anche

---

1. **Lanzichenecchi** : nei secoli XV-XVII erano chiamati così i soldati mercenari
   tedeschi.

affacciarsi (show oneself)

appears at the window

me, e non me sola." Così detto, rientra in casa e si affaccia alla finestra tenendo in braccio un'altra bambina più piccola, viva, ma con i segni della morte in volto.

Renzo, turbato, prosegue la sua strada e arriva per caso davanti alla casa di Don Ferrante. Bussa alla porta e chiede alla padrona:

bussare – to knock

"Signora, sta qui a servire una giovane di campagna di nome Lucia?"

I Promessi Sposi

"Non c'è più, è al lazzaretto" risponde la donna e richiude subito la finestra.

Colpito da questa brutta notizia, si avvia verso quel luogo, ormai stanco di vedere tante miserie.

Entrato nel lazzaretto, Renzo cerca in ogni capanna con il desiderio e allo stesso tempo con la paura di trovare Lucia. A un tratto vede un frate cappuccino passare e perdersi tra le baracche: è proprio Padre Cristoforo. Grande è la consolazione di Renzo nel ritrovare il suo buon frate, ma svanisce presto, quando si accorge che il male non lo ha risparmiato. "Tu qui?" gli chiede il frate sorpreso: "Perché vieni ad affrontare la peste?"

"L'ho avuta" dice Renzo e prosegue "Vengo a cercare Lucia."

"È tua moglie?" domanda il frate.

"No che non è mia moglie. Non sa nulla di quello che è accaduto?"

E gli racconta la storia di Lucia: come era stata ricoverata al monastero di Monza, come era stata rapita... Gli racconta anche di sé: la giornata di Milano, la fuga... "E ora sono qui a cercarla" conclude.

"Hai qualche indizio su dove sia?"

"Niente, caro padre, ma guarderò in lungo e in largo tutto il lazzaretto, e se non la trovo... troverò qualcun altro, e allora la farò io la giustizia!"

"Disgraziato! E vorresti che io rubassi il tempo ai miei malati per ascoltare i tuoi pensieri di vendetta?" grida Padre Cristoforo.

"Va bene... lo perdono!" esclama Renzo.

"E se tu lo vedessi?"

Spalancare – open wide

"Pregherei il Signore di dare pazienza a me e di toccare il cuore a lui."

"Ebbene, vieni con me." E, presa la mano di Renzo, Padre Cristoforo lo guida verso una capanna. Ci sono tre o quattro infermi,[1] all'interno. Renzo ne distingue uno con un mantello signorile addosso: è Don Rodrigo. Immobile, con gli occhi spalancati, ma con lo sguardo fisso, il viso pallido, coperto di macchie nere, solleva il petto di quando in quando con un respiro affannoso.

Renzo, dopo quell'incontro, prosegue verso il quartiere delle donne. Mentre sta con la testa appoggiata ad una parete di paglia, sente una voce femminile: "Chi ci ha protette finora, ci proteggerà anche adesso!"

Se Renzo non urla, è solo perché gli manca il fiato in gola. "Lucia, ti ho trovata! Sei proprio tu! Sei viva!" esclama poi vedendola.

"Oh, Signore benedetto! Tu? E la peste?"

"L'ho avuta. E tu?"

"Anch'io, ma il Signore mi ha voluto lasciare ancora quaggiù. Ah, Renzo, perché sei qui?"

"Perché?" dice Renzo avvicinandosi a lei sempre di più. "Non mi chiamo più Renzo io? Non sei più Lucia tu?"

"Cosa dici? Non ti ha fatto scrivere mia madre?"

"Sì, purtroppo... ma quelle sono promesse che non contano niente."

"Oh, Signore, che dici?" esclama Lucia. "Ho fatto una promessa alla Madonna!... Un voto!"

1. **infermo** : malato.

I Promessi Sposi

"Senti, Lucia, Padre Cristoforo è qui, gli ho parlato poco fa e mi ha detto di venirti a cercare. E quando è un santo che parla, è il Signore che lo fa parlare."

"Se ha parlato così, è perché lui non sa. Vedrai che lui ti farà mettere il cuore in pace!"[1]

"Il cuore in pace? Questo levatelo dalla testa!"

"Oh Vergine santissima, aiutatemi voi!" esclama la ragazza, unendo le mani in preghiera.

Renzo torna allora da Padre Cristoforo.

"Ebbene?" gli chiede il frate.

"L'ho trovata, ma ora c'è un altro problema: dice che non mi può sposare, perché quella notte della paura ha fatto un voto alla Madonna."

"È molto lontana da qui? Andiamoci insieme."

Arrivati alla capanna di Lucia, Padre Cristoforo le chiede:

"Cos'è il voto di cui mi ha parlato Renzo?"

"È un voto che ho fatto alla Madonna, in un momento di grande sofferenza!"

"E non hai pensato che eri legata da un'altra promessa?"

"Ho fatto male?" chiede Lucia.

"No, la Vergine ha di certo apprezzato il tuo gesto, ma io posso liberarti da questo obbligo! Torna pure tranquilla ai pensieri di una volta."

---

1. **mettersi il cuore in pace** : rassegnarsi, accettare i fatti dolorosi della vita.

Comprensione

1 Ricostruisci i fatti narrati nel capitolo, unendo l'anno e il mese (o la stagione) alla frase corrispondente.

1. Renzo è stato nascosto vicino a Bergamo da suo cugino Bortolo... (d)

2. Milano è colpita da una grave carestia... (g)

3. I Lanzichenecchi entrano nel ducato di Milano... (b)

4. Don Abbondio, Perpetua e Agnese restano nel castello dell'Innominato... (a)

5. La peste si diffonde a Milano... (e)

6. La popolazione di Milano, decimata dalla peste, si riduce a un quarto di quella che era prima... (c)

7. Don Rodrigo è colpito dalla peste... (f)

a. nel periodo fra settembre e ottobre 1629. (4)

b. nel settembre 1629. (3)

c. nel luglio del 1630. 6

d. dall'inverno 1628 all'autunno 1629. (1)

e. all'inizio del 1630.

f. nell'agosto del 1630. 7

g. nell'inverno fra il 1628 e il 1629. (2)

1	d	2	g	3	b	4	a	5	e	6	c	7	f

2 Rispondi alle seguenti domande.

a. I soldati passati per Milano non hanno lasciato solo disordine e sporcizia: cos'altro? ...Hanno lasciato la peste...

b. "Ah traditore infame!" dice Don Rodrigo. A chi si riferisce? ...Si riferisce al Griso una dei bravi...
Perché lo chiama così? ...Perché il Griso ritorna a casa con i mana...

c. "E lui è ancora vivo?" chiede Renzo a Don Abbondio. Chi è questo 'lui'? ...Lui è Don Rodrigo...
e rubano tutti i suoi avende
(Don Rodrigo)

112

d. "Questa sera passerete a prendere me, e non me sola" dice la madre di Cecilia al monatto. Chi altri dovrà tornare a prendere?

Deve tornare a prendere altra bambina più piccola

e. "Troverò qualcun altro, e allora la farò io la giustizia!" dice Renzo a Padre Cristoforo nel lazzaretto. Chi è questo 'qualcun altro'?

È Don Rodrigo

f. "E non hai pensato che eri legata da un'altra promessa?" chiede Padre Cristoforo a Lucia. A quale promessa si riferisce?

Alla promessa di sposarsi con Renzo

3 **Ripensando alla psicologia dei personaggi principali del romanzo, scrivi a fianco di ciascuno l'aggettivo più adatto.**

mild/moderate

mite saggio/a pauroso/a generoso/a
impulsivo/a pentito/a traditore

a. Renzo è un giovane di buoni propositi ma facile all'ira e agli slanci appassionati. ..*Impulsivo*..

Impulses (slancio)

b. Lucia è una ragazza che non vuole fare male a nessuno. ....*mite*..........

c. Agnese è una donna piena di buon senso, conosce i fatti della vita e ha sempre un consiglio pronto per tutti. ....*saggia*..........

d. Don Abbondio cerca di tenere lontano da sé tutti i problemi e i rischi della vita. ....*pauroso*..........

e. Padre Cristoforo aiuta gli altri senza pensare a sé. ....*generoso*.......... *pentito*

f. L'Innominato ha vissuto sempre nel peccato, ma improvvisamente decide di cambiare vita. ....*pentito*..........

g. Il Griso obbedisce fedelmente a Don Rodrigo, ma gli volta le spalle appena lo vede morente. ....*traditore*..........

Grammatica

1 Completa questa tabella, scrivendo i nomi che esprimono suoni e
rumori, a fianco del verbo corrispondente.

martello (handwritten)

Verbo	Nome	Verbo	Nome
scalpicciare	scalpiccio	martellare *hammer/throb*	martellata
stropicciare	stropiccio	mormorare *murmur*	mormorio
miagolare	miagolio	borbottare	barbettio
balbettare	balbettio	scampanare	scampanio
tintinnare	tintinnio	rumoreggiare *rumble*	rumoreggio rumore, rumorio

(handwritten side notes: rub, crunch; stammer/babble; tinkle)

Mettiamo in ordine i fatti

1 Leggi queste frasi e rimettile nell'ordine giusto per costruire un breve
riassunto del Capitolo 6.

a. ☐**1** A Milano, dopo la rivolta per il pane, viene la carestia e
arrivano anche i soldati dell'esercito tedesco.

b. ☐**5** Renzo va a Milano a cercare Lucia e la trova nel lazzaretto.

c. ☐**2** A Milano scoppia la peste.

d. ☐**4** Don Rodrigo, colpito dalla peste, è tradito dal Griso e viene
portato al lazzaretto.

e. ☐**3** Don Abbondio, Perpetua e Agnese decidono di fuggire e si
rifugiano al castello dell'Innominato.

Che ne pensi?

1 Pentimento, tradimento, rassegnazione: quali personaggi introdotti nel
Capitolo 6 potrebbero rappresentare meglio questi tre concetti? Perché?

pentimento: Renzo, perché ha pensiere di vendetta si no trova Lucia.
Don Rodrigo, Padre Cristoforo le grida disgraziato

tradimento (betrayal): Il griso perché trade Don Rodrigo e, insieme

rassegnazione: La giovane, la madre giovane di Cecilia, la sua bambina morta.

agli monatti, rubano tutti i suoi averi.

Lei dica anche che elle e la sua altra bambina vanno a
morire nella sera

Il lazzaretto

L'origine

Il lazzaretto è un luogo dove si tengono in quarantena le persone sospette di avere delle malattie contagiose. Il primo lazzaretto fu costruito nel 1423 a Venezia sull'isola di Santa Maria di Nazareth, per raccogliere i malati infettivi provenienti dalla Palestina. Proprio da quest'isola deriva, sembra, questa parola, forse associata anche al nome di 'Lazzaro' (il lebbroso resuscitato da Gesù Cristo).

Resurrezione di Lazzaro, Armadio degli Argenti (1450-52), Beato Angelico.
Museo di San Marco, Firenze.

In passato i lazzaretti erano costruiti soprattutto sulle isole davanti ai grandi porti, perché spesso le infezioni arrivavano proprio dal mare. Per combattere le epidemie, dal Quattrocento le navi cominciarono a usare la bandiera gialla, come segno di infezione a bordo.

Il lazzaretto di Milano

Il lazzaretto di Milano era un recinto a forma di quadrilatero, fuori della città, a sinistra di Porta Orientale, distante dalle mura lo spazio di una fossa e di una strada di circonvallazione. All'interno conteneva un edificio di 288 stanze, costruito nell'anno 1489 allo scopo di ricoverarvi, se necessario, i malati di peste. In caso di grande affollamento, si costruivano anche tende e capanne all'interno del recinto.

San Carlo comunica gli appestati nel Lazzaretto di Milano (1885),
Mauro Conconi.

1 **Scrivi negli spazi le parole corrispondenti alle definizioni (fra parentesi troverai anche il numero della riga del testo dove compare la parola da indovinare).**

a. Terra Santa (r. 4):

P A L E S T I N A

b. cavità scavata nella terra (r. 15):

F O S S A

c. strada che gira intorno alla città (r. 15):

C I R C O N V A L L A Z I O N E

d. malattie contagiose (r. 9):

I N F E Z I O N E

e. spazio circondato da un muro, una siepe e una palizzata (r. 13):

R E C I N T O

f. periodo di isolamento di persone sospettate di avere una malattia contagiosa, originariamente di 40 giorni (r. 1):

Q U A R A N T E N A

g. ospitare in ospedale (r. 17):

R I C O V E R A R E

h. con quattro lati (r. 13):

Q U A D R I L A T E R O

i. lontano (r. 14):

D I S T A N T E

l. malato di lebbra (malattia infettiva della pelle, spesso mortale) (r. 7):

L E B B R O S O

2 **Quali sono oggi, secondo te, le malattie infettive più gravi che colpiscono le persone? Come si combattono?**

Vaccinare / vaccinazione ....
....

Epilogo

to have

ppena Renzo esce dal lazzaretto comincia a
grandinare con grosse gocce rade e impetuose. *drops*
È l'acqua che porta via la peste! Il giovane
cammina allegramente, senza pensare a niente
se non a raggiungere presto il suo paese.
Finalmente arriva alla casa del vicino che lo
aveva ospitato due giorni prima.

"Già qui? E con questo tempo? Come è andata?"

"L'ho trovata viva! Guarita!"

L'amico, felice per questa notizia, gli prepara una buona
polenta, mentre Renzo gli racconta tutto nei minimi *(in)*
particolari. *down to the smallest details*

Il giorno dopo Renzo va in montagna in cerca di Agnese. La
trova e, prima che lei riesca a dire una parola, la previene *preempts*
annunciandole: "Lucia è guarita!" Agnese gli indica l'orto
dietro alla casa e invita il giovane a sedersi su una panca per

bench

I Promessi Sposi

raccontare. Poi Renzo tira fuori i cinquanta scudi che aveva ricevuto da Agnese per restituirglieli: "Li ho tutti qui: avevo fatto voto anch'io di non toccarli, finché la cosa non fosse venuta in chiaro."

"No, no," dice Agnese "ne ho ancora più del necessario per me: conservali per mettere su casa!"

Renzo torna al suo paese, non prima di aver convinto Agnese a rientrare anche lei dopo qualche giorno. Che consolazione per lei trovare la sua casa come l'aveva lasciata. Forse avevano fatto la guardia gli angeli! Comincia a preparare tutto per l'arrivo di Lucia e, lavorando, inganna il tempo.

Anche Renzo non passa in ozio quei giorni: sa fare due mestieri e ora si dedica a quello del contadino. Quelli del paese gli fanno grandi accoglienze e congratulazioni e ognuno vuole sentire da lui la sua storia.

Quanto a lui e Don Abbondio, stanno alla larga l'uno dall'altro. Lucia, dopo la visita di Renzo al lazzaretto, esce per la quarantena e viene a sapere che Padre Cristoforo è morto di peste.

Una sera Agnese sente fermarsi una carrozza. "È lei!" grida.

È proprio lei, infatti.

La mattina dopo capita lì Renzo che non sa nulla: alla vista di Lucia esclama: "Sto bene quando ti vedo!"

E lei: "Il nostro povero Padre Cristoforo..."

"Me l'aspettavo, purtroppo" dice Renzo.

A questo punto Renzo, deciso, va da Don Abbondio per prendere gli accordi per il matrimonio.

"Signor curato, Le è passato quel dolore di testa per cui diceva di non poterci sposare?"

Capitolo 7

scuotere — to shake

Don Abbondio non dice di no, ma scuote la testa.

"Ho capito, ha ancora un po' di quel mal di capo."

"Non è vero," replica il prete "ti ho forse detto di no?"

Renzo se ne va per non perdere la pazienza. Allora decidono di andarci le donne: grandi congratulazioni a Lucia e saluti ad Agnese. Ad un certo punto entra anche Renzo, con passo risoluto, [1] e annuncia: "È arrivato il marchese!" *marquis*

"Ah!" replica Don Abbondio "L'ho sentito nominare più di una volta come un bravo signore."

"È arrivato nel suo palazzo, come erede di Don Rodrigo." *heir*

"Ma che sia proprio vero?" domanda il prete.

"Al sagrestano [2] gli crede? aggiunge Renzo.

"Perché?"

"Perché lui l'ha visto con i suoi occhi."

"Ah, è morto, dunque?" esclama Don Abbondio.

"Io gli ho perdonato di cuore" dice Renzo.

"E hai fatto il tuo dovere. Ma si può anche ringraziare il Cielo che ce ne abbia liberati. Perciò, se volete... oggi è giovedì... domenica vi posso sposare!"

Il giorno seguente Don Abbondio riceve una visita tanto inaspettata quanto più gradita: è il signor marchese, che viene a chiedergli dei due giovani promessi sposi e gli dice che vuole aiutarli. Anzi, gli propone di andare subito insieme a casa della sposa. Qui trovano le donne e Renzo, che si meravigliano di ricevere una visita così straordinaria.

---

1. **risoluto** : deciso.
2. **sagrestano** : custode della chiesa.

I Promessi Sposi

Sapendo che desiderano mettere su casa altrove, il marchese si offre di comprare le loro casucce. Non solo: con la sua autorità farà revocare l'ordine di cattura che ancora pesa su Renzo.

"Ah" dice fra sé Don Abbondio, tornato a casa "se la peste facesse sempre andare le cose così, ce ne vorrebbe una per ogni generazione. A patto di guarire, naturalmente!"

Arriva finalmente il gran giorno: i due promessi vanno, con sicurezza trionfale, proprio nella loro chiesa, dove, per bocca di Don Abbondio, vengono dichiarati marito e moglie.

Dopo il matrimonio, il pranzo di nozze si svolge nel palazzotto che era stato di Don Rodrigo, alla tavola del buon marchese.

Dopo pranzo viene steso il contratto, non certo per mano dell'Azzeccagarbugli, morto di peste. Poi i Tramaglino partono per il bergamasco, dove Renzo compra a mezzo con il cugino Bartolo un filatoio vicino a Bergamo.

Prima che finisca l'anno del matrimonio viene alla luce una bella creatura, una bambina, a cui naturalmente viene dato il nome di Maria. Ne vengono poi con il tempo non so quanti altri dell'uno e dell'altro sesso, con Agnese sempre affaccendata a portarli qua e là, dando loro dei bei bacioni in viso. Renzo, quando racconta le sue avventure, finisce sempre dicendo quante cose gli hanno fatto imparare. "E io che cosa ho imparato?" dice Lucia. "Io non sono andata a cercare i guai, sono loro che sono venuti a cercare me."

I Promessi Sposi

"Ma quando vengono i guai, o per colpa o senza colpa, ci vuole la fiducia in Dio per addolcirli" concludono entrambi.

È questa la morale della storia: se vi è piaciuta, ringraziate chi l'ha scritta e almeno un po' chi l'ha accomodata; se invece vi avesse annoiato, credete che non si è fatto apposta.

Comprensione

1 **Rileggi il Capitolo 7 per rispondere alle seguenti domande (se hai bisogno di aiuto, rileggi anche il capitolo indicato fra parentesi alla fine di ogni domanda).**

a. *Poi Renzo tira fuori cinquanta scudi che aveva ricevuto da Agnese per restituirglieli. Per quale motivo Agnese gli aveva dato questi soldi? Da chi li aveva avuti lei?* (Capitolo 5)

I' Innamorato le ha mandato a Lucia como dote ha fatto
Perche Lucia le ha detto de dare el denan; perche no puo il
voto di no sposare

b. *Forse avevano fatto la guardia gli angeli! Contro chi?* (Capitolo 7)

i soldati tedeschi
Contro (la sua casa di) Agnese

c. *Renzo sa fare due mestieri e si dedica ora a quello del contadino. Qual è l'altro suo mestiere?* (Capitolo 1)

Lavora nella filanda del paese

d. *"Le è passato quel dolore di testa per cui diceva di non poterci sposare?" chiede Renzo a Don Abbondio. A cosa si riferisce in realtà?* (Capitolo 2)

Don Rodrigo ha detto que el malrinonio non si deve fare mai e Don
Abbondio ha molto paura

e. *Il marchese farà revocare l'ordine di cattura che ancora pesa su Renzo. Perché Renzo è ricercato dalla polizia?* (Capitolo 4)

f. *Il contratto di acquisto della casa di Renzo e di quella di Lucia e Agnese da parte del marchese viene steso da un avvocato che non è certo l'Azzeccagarbugli. Perché è morto o perché non era comunque un avvocato degno di fiducia?* (Capitolo 1)

perché e morto de peste

g. *Renzo e Lucia hanno una bella bambina a cui viene dato naturalmente il nome di Maria. Perché è naturale che la chiamino così?* (Capitolo 5)

Perché prega a la Madonna di salvar lei del
pericolo cuando e pre nella casa del Innamorato
prigionera

2 Unisci ogni verbo all'espressione corrispondente.

1. prendere
2. fare
3. dichiarare
4. stendere _write down / stretch out_
5. revocare
6. ingannare
7. dedicarsi a
8. perdere

a. un contratto
b. un voto
c. il tempo
d. un mestiere
e. gli accordi
f. la pazienza
g. un ordine
h. marito e moglie

declare / make a statement

deceive, be unfaithful to

1 e	2 b	3 h	4 a	5 g	6 c	7 d	8 f

Grammatica

1

"... e il marchese si offrì di comprare le loro <u>casucce</u>". L'espressione sottolineata è un nome alterato. Forma le alterazioni dei seguenti nomi secondo gli aggettivi inseriti tra parentesi.
Per aiutarti ti forniamo i suffissi che dovrai usare.

-accio   -uccio   -etto   -ino   -one

casa (piccola e povera) ...... casuccia ......

pensiero (cattivo) ...... pensieraccio ......

letto (grande) ...... lettone ......

scala (piccola e graziosa) ...... scaletta ......

sospiro (grande) ...... sospirone ......

bacio (grande) ...... bacione ......

soldato (piccolo) ...... soldatino ......

bocca (piccola e graziosa) ...... boccetta ......

strada (piccola) ...... stradina ......

Mettiamo in ordine i fatti

1 A quali capitoli si riferiscono queste immagini? Scrivi sotto a ciascuna il numero del capitolo e una frase che descrive il fatto illustrato.

cap. ⑥ _Renzo e Padre Cristoforo_ _stanno nell Lazaretto. Don Rodrigo soffre la peste e sta morendo_

cap. ③ _Un amico di padre_ _Cristoforo che vuole aiutare fra_

cap. ② _Lucia e Renzo vogliono fare_ _la sua matrimonio a sorpresa ma don Abondio_ _le Crolta la faccgia di rosso e comincia a gridare_

cap. ⑤ _Il rapimento di Lucia_ _per i bravi dela Innammato_ _don Rodrigo_

cap. ① _I bravi di don Rodrigo_ _dicono a Don Abondio che non_ _posso sposare celebrare il_ _matrimonio di Lucia e Renzo_

cap. ④ _La carestia a Milano_

Che ne pensi?

1 **Scegli tu una morale per questa storia.**

a. ☐ Tutto è bene quello che finisce bene.

b. ☐ È inutile lottare contro il destino.

c. ☐ Ci vuole la fede in Dio per sopportare le difficoltà della vita.

d. ☐ *I poveri possono sfidarno il potere di ricchi se mantenono principie e si comportanno con la solidaretà le sue di famiglia e di amici e di altri con i stessi principie*

2 **Immagina Lucia, ormai mamma e moglie felice, che una sera, mentre i bambini sono già a letto, si siede con Agnese a ricordare il passato e gli spostamenti suoi e di Renzo prima del matrimonio. Scrivi il dialogo.**

....
....
....
....
....
....
....
....
....
....
....
....
....